A Origem Egípcia do Cristianismo

Lisa Ann Bargeman

A Origem Egípcia do Cristianismo

Tradução:
EVANDRO FERREIRA E SILVA

Editora
Pensamento
SÃO PAULO

Título do original: *The Egyptian Origin of Christianity.*

1ª edição 2012.

Texto de acordo com as novas regras ortográficas da língua portuguesa.

Coordenação editorial: Denise de C. Rocha Delela e Roseli de S. Ferraz
Preparação de originais: Maria Sylvia Correa
Revisão: Liliane S. M. Cajado
Diagramação: Fama Editoração Eletrônica

Dados Internacionais de Catalogação na Publicação (CIP)
(Câmara Brasileira do Livro, SP, Brasil)

Bargeman, Lisa Ann
A origem egípcia do cristianismo / Lisa Ann Bargeman. — São Paulo : Pensamento, 2012.

Título original: The egyptian origin of christianity.
Bibliografia
ISBN 978-85-315-1783-9

1. Cristianismo — Origens 2. Egito — Religião — Influência I. Título.

12-01004 CDD-270

Índices para catálogo sistemático:
1. Cristianismo : Origem 270

Direitos de tradução para o Brasil
adquiridos com exclusividade pela
EDITORA PENSAMENTO-CULTRIX LTDA.
Rua Dr. Mário Vicente, 368 — 04270-000 — São Paulo, SP
Fone: (11) 2066-9000 — Fax: (11) 2066-9008
E-mail: atendimento@editorapensamento.com.br
http://www.editorapensamento.com.br
que se reserva a propriedade literária desta tradução.
Foi feito o depósito legal.

Para Jaye

E se lerdes bem, não pecareis contra o Senhor.

(II Enoque)[1]

Quem será capaz de afirmar que as múmias egípcias não podem ter algo a ver com o conceito cristão de "ressurreição da carne", que não está no Antigo Testamento nem provém da religião grega? (...) Outras religiões, como a dos israelitas e a da Grécia Antiga, professam que o poder de Deus não se estende para além dos limites da existência terrena, não sendo, portanto, capaz de penetrar os terrenos sombrios do Xeol ou os portões do Hades. Isso torna os fenômenos da religião egípcia ainda mais importantes e peculiares. (...) [Seus] ato[s] sagrados (...) autorizam-nos a eximir os egípcios das acusações de idolatria pagã que os autores do Antigo Testamento lhes impetraram, prática essa que os próprios israelitas frequentemente copiaram. (...) É (...) improvável que [o judaísmo] teria sido capaz de exercer sobre a religião cristã nascente tanta influência quanto exerceu a religião egípcia. (...)[2]

SUMÁRIO

Lista dos faraós 9
Prefácio 13
Introdução 17
Semelhanças cerimoniais 20
Trindades 26
Linguagem sagrada 29
Representação simbólica 35
Animismo 38
As escolas de mistérios egípcias 53
Maat 65
Netri 69
A consciência e a porta de São Pedro 73
A conexão entre Jesus e Osíris 76
A conexão entre Maria e Ísis 82
Tiamat 86
Akhenaton 89
Amenhotep III e "Smenkhara" 99
Nefertiti 101
Zennanza 104
As mulheres como faraós 107

Matriarcas diferentes 110
O Gênesis 116
O grande dilúvio 121
Raízes antigas, ideias contemporâneas 123
Os sete sacramentos 125
Práticas gerais 131
Anjos 133
Conclusão 141
Bibliografia 145
Notas 149

Lista dos faraós ilustres mencionados neste livro

(A maioria dos nomes foi extraída da lista de reis de Maneto)[3]

Dinastia I

Narmer (3150 a.C.) — alguns autores identificam Menés com Narmer

Merneith (3000 a.C.) — mãe de Narmer

Dinastia II

Netjeren (2675 – 2625 a.C.)

Sekhemib (por volta de 2626 a.C.)

Dinastia III (Reino Antigo)

Djoser (2630 – 2611 a.C.)

Dinastia IV

Quéops (Khufu) (2551 – 2528 a.C)
Khentkaus (~2500 a.C.)
Quéfren (2520 – 2494 a.C.)

Dinastia V

Sahuré (2458 – 2446 a.C.)

Dinastia VI

Teti (2345 – 2336 a.C.)
Userkaré (~2335 a.C.)
Pepi I (2332 – 2283 a.C.)
Merenré (2283 – 2278 a.C.)
Pepi II (2278 – 2184 a.C.)
Merenré II (~2183 a.C.)
Nitekreti (Nitócris) (~2182 a.C.)
Neterkaré (~2181 – 2169 a.C.)

Dinastias XI – XII (Primeiro Período Intermediário)

Sesóstris (1965 – 1920 a.C.)
Sobekneferu (~1900 a.C.)

Dinastia XVIII (Período de Amarna)

Ahmés (ou Amósis) (1539 – 1514 a.C.)
Hatshepsut (1473 – 1458 a.C.)
Amenhotep III (1382 – 1344 a.C.)
Akhenaton (ou Amenhotep IV, ou Tutmósis IV) (1350 – 1334 a.C.)
Nefertiti (que governou como Smenkhara/Ankhkheperure) (1336 – 1334 a.C.)
Tutancâmon (1334 – 1325 a.C.)

Dinastia XIX

Seti I (1394 – 1279 a.C.)

Ramsés II (1279 – 1213 a.C.)

Tausret (1194 – 1186 a.C.)

Dinastia XXVI (Período Saítico)

Psamético (ou Qenu) (664 – 610 a.C.)

PREFÁCIO

A autora deste livro, uma jovem egiptóloga norte-americana, afirma que a influência egípcia na teologia moderna é facilmente perceptível nas práticas cristãs e que o cristianismo como um todo tem uma grande dívida para com a religião egípcia que o antecedeu. Esse fenômeno, segundo a autora, é mais evidente no catolicismo. Influências e conceitos religiosos de origem egípcia infiltraram-se no mundo helênico em decorrência do comércio e do intercâmbio cultural entre o Egito e outros países da Antiguidade.

Embora os estudiosos cristãos admitam prontamente a influência do zoroastrismo sobre o cristianismo, esses mesmos estudiosos negariam a todo custo a origem egípcia daqueles princípios fundamentais de sua religião, como a Vida Após a Morte, a Ressurreição, a Santíssima Trindade, os Dez Mandamentos, etc. O motivo dessa negação é que o cristianismo sempre se apresenta como a única religião verdadeira, o único caminho para a salvação. Como tal, este nada poderia ter absorvido de uma religião considerada pagã ou de gentios. Ansiosos por enaltecer o cristianismo, os teólogos cristãos precisam diminuir a religião egípcia e, por extensão, a religião africana em geral, qualificando-as como cultos pagãos e demoníacos. Reconhecer a contribuição de uma religião desse tipo para o cristianismo é diminuir a importância deste como única via para o conhecimento do Deus verdadeiro.

O fato de a autora ter trazido à tona a dívida do cristianismo para com seus ancestrais egípcios merece, portanto, a gratidão de todas as pessoas deste mundo que buscam a verdade. Sua análise das trindades é intrigante e persuasiva. Além disso, ela descreve meticulosamente as semelhanças entre Osíris e Jesus.

Mas o leitor que se dedicar a ler este livro encontrará ainda muitas outras semelhanças inquestionáveis entre a religião egípcia e o cristianismo. A história de Adão e Eva, por exemplo, possui equivalente naquela religião. Sua queda do estado de graça por haverem desobedecido a Deus, bem como o terem se escondido de Deus por vergonha do tamanho do pecado que cometeram são fatos reconhecidos tanto pelos egípcios quanto pela *Bíblia* como origem da mortalidade. E o que dizer das semelhanças desconcertantes entre certos símbolos egípcios e algumas das práticas que formaram o cerne do catolicismo? São mera coincidência?

Apesar da escassez de material escrito sobre o assunto, a autora, com muita habilidade, soube dar uma unidade ao livro, mesmo diante da falta de fontes de fácil acesso. Esta é uma grande contribuição para esse campo de estudos. Ao pôr lado a lado passagens da *Bíblia* e do *Livro dos Mortos* egípcio, ela praticamente inviabilizou a impugnação da autenticidade de sua tese.

Ademais, embora a autora afirme com veemência não advogar nenhum ponto de vista em particular nem servir a nenhuma causa, o livro inegavelmente se encaixa no gênero afrocêntrico.

Assim sendo, recomendo-o a quem quer que se interesse por religião, estudos africanos e ciências humanas em geral.

Harrison Ola. Akingbade
Ph.D. em História Africana pela Universidade Howard
Mestre em Antropologia pela Goddard College
Formado em Língua Inglesa pela Cuttington College
Formado em Pedagogia e Ciências Sociais pela Divinity School, Libéria

INTRODUÇÃO

Finalmente podemos considerar como um fato que a influência do Egito Antigo na teologia moderna é bastante perceptível através das crenças e práticas cristãs. Neste livro, concentro-me essencialmente nas semelhanças diretas entre as cerimônias da Igreja Católica Apostólica Romana e aquelas celebradas no Egito Antigo. Em ambos os sistemas, é grande o zelo para com a tradição e a meticulosidade com que se conduzem os ritos. Embora todas as formas de cristianismo revelem fortes paralelos com os rituais do Egito Antigo, os exemplos aparentemente mais nítidos provêm do catolicismo.

Pode parecer impossível comparar as práticas do Egito Antigo com aquelas de uma religião que surgiu muito depois e que, na superfície, parece de todo diferente. Entretanto, pode-se defender, a partir de indícios literários e históricos, a existência de um caminho evolutivo direto que parte do Egito Antigo.

Por volta de 2250 a.C., atravessaram o Canal da Mancha invasores vindos "da Líbia, através da Espanha e depois do sul e norte da França, ou através da Espanha e depois Portugal e Grã-Bretanha. (...)"[4] "Em diferentes períodos do segundo milênio anterior à Era Cristã, uma confederação de tribos de comerciantes, conhecidos como "o povo do mar", foi deslocada da região do mar Egeu por invasores vindos do nordeste e do sudeste. Uma parte dessa população migrou para o norte através de rotas de comércio já estabelecidas e acabou chegando à Grã-Bretanha e à Irlanda. Outra parte migrou para o oeste, também através de rotas de comércio já estabelecidas, e alguns de seus integrantes alcançaram a Irlanda, passando pelo oeste da África e pela Espanha. Outros, ainda, invadiram a Síria e Canaã. Entre estes estavam os filisteus, que tomaram, do clã edomita de Caleb, a cidade sagrada de Hebron, localizada no sul de Judá; mas os calebitas, (...) aliados da tribo israelita de Judá, retomaram a cidade mais ou menos duzentos anos depois e, ao mesmo tempo, assimilaram grande parte da religião dos filisteus."[5]

Os viajantes da Antiguidade espalharam-se pelo mundo a partir do norte da África, onde teve início a vida humana (segundo concordam todos os cientistas evolucionistas), e carregaram consigo suas tradições e seus costumes. Portanto, uma hermenêutica religiosa séria só será possível mediante o reconhecimento das fontes históricas. Os encantamentos do *Livro dos Mortos*, por exemplo, datam de cerca de 3000 a.C., muito antes do mais antigo dos livros da *Bíblia*. Não obstante, esta é vista como o berço de toda a moral.

Não se pode mais negar a importância da influência egípcia. Essa constatação levou grandes pensadores, como Siegfried Morenz, diretor do Instituto de Egiptologia da University of Leipzig, a observar que "a influência da religião egípcia sobre a posteridade pode ser percebida principalmente através do cristianismo e de seus ancestrais históricos. A contribuição do Egito ao Antigo Testamento é, na verdade, produto das relações entre esse país e a Síria; enquanto sua contribuição para o Novo

Testamento e até mesmo para a teologia cristã dos primeiros séculos deve ser vista como um exemplo particular da influência geral exercida pelo Egito Antigo sobre o mundo helênico". É essa influência que será explorada aqui, no âmbito específico das práticas modernas da Igreja Católica Apostólica Romana, de modo a possibilitar uma elucidação da verdadeira natureza da religião como um todo.

Semelhanças cerimoniais

Imagine-se, caro leitor, abrindo as portas de um local sagrado e benzendo-se com água benta no saguão de entrada. Você então se prepara para sentar-se e rezar, pois Deus oferece consolo para todos os problemas deste mundo. Depois de fazer confidências a uma estátua (imbuída do espírito do Deus vivo), você entoa um hino de louvor no qual é acompanhado por outros devotos, que portam relíquias e objetos de devoção. Litanias são proferidas. Um padre lê o sermão, faz o sinal da paz e prepara os fiéis presentes para a comunhão. O hino matinal em uma igreja egípcia era: Acorda em graça [o que significa em paz]; tu acordaste em graça, então acordemos em graça e em paz.[6]

Estes são ritos egípcios, e eles são assim por tradição, não por coincidência. Surpreendentemente, esses rituais sobreviveram sem alterações por cinco mil anos. Ainda mais surpreendente, contudo, é o fato de que esse milagre permanece até hoje praticamente sem reconhecimento.

A tradição papal rejeita a mudança. Apenas os Estados modernos já sofreram mais modificações do que o direito canônico sofreu ao longo de toda a sua existência (desde 451 d.C.). A rigidez, no entanto, tem seus benefícios, pois conservou os ritos religiosos de antes dos séculos III e IV a.C. até o presente.[7]

Nenhum outro exemplo desse fato é tão contundente quanto o da Eucaristia da missa católica. "O sacerdote abre o lugar sagrado que contém a imagem, prostra-se diante desta, limpa-a e perfuma-a com incenso, ornamenta-a, põe coroas sobre ela, unge-a e embeleza-a com óleos consagrados. Por fim, ele remove as marcas deixadas por sua mão."[8] A descrição parece se referir à limpeza do tabernáculo católico e não a um rito egípcio antigo. De fato, esses costumes podem ser comparados à limpeza diária do ostensório e do cálice, bem como à prática diária de vestir-se com uma indumentária elaborada.

O tabernáculo, que abriga o ostensório e o cálice, é uma versão de outra relíquia do Oriente Médio, a saber, a Arca da Aliança dos judeus. O mais sagrado dos objetos sagrados, nela contido, permanece conservado na santidade da escuridão; "os deuses egípcios teriam compartilhado do desejo de Iahweh de 'habitar a Nuvem escura' (1 Rs 8: 12)".* Isso também é verdade para o *Bhagavad Gita* indiano, pois "à meia-noite, na mais sombria escuridão, aquele que habita todos os corações revelava-se na divindade".[9]

As estátuas egípcias de Ka eram trancadas no *serdab*, uma câmara quase inteiramente escura, e só podiam ser vistas através de pequenos buracos feitos para esse propósito. Apenas os

---

* A edição em português aqui utilizada para traduzir os trechos bíblicos é, salvo indicação, a da *Bíblia de Jerusalém*, Ed. Paulus, 2004. (N. do T.)

clérigos tinham o privilégio de olhar dentro das câmaras que abrigavam os objetos sagrados. Hoje a Arca da Aliança não costuma ser deslocada do altar da igreja. Mas a arca egípcia era bastante transportada. Tanto os sacerdotes quanto as estátuas navegavam em embarcações simbólicas, levando a "comunhão" a todos. Os festivais regionais de santos, como o de San Janiero em Nova York, assemelham-se àqueles dos deuses antigos, como o festival de Opet (uma deusa com cabeça de hipopótamo que simbolizava a maternidade).

O verdadeiro significado do louvor pela comunhão é a unificação de povos diversos em Deus através de um alimento simbólico ou sagrado. A comunhão não é uma ideia nova; Hatshepsut dizia, sobre Amon: "[ele] é meu pão e eu bebo de seu orvalho. Eu e ele somos um só corpo".[10] Essa rainha, que governou por dezoito anos por volta de 1458 a.C., escreveu essas palavras muito mais de mil anos antes da época em que Jesus viveu (por volta de 4 a.C. a 29 d.C.).

No Papiro de Ebers, diz-se que a cura do homem pelo encantamento de Deus fará "com que o coração receba pão".[11] Nessa mesma linha, segundo a *Bíblia*, "Eu sou o pão vivo descido do céu. Quem comer deste pão viverá eternamente. O pão que eu darei é a minha carne para a vida do mundo" (João 6: 51).

As refeições também podiam ser usadas em funerais comemorativos. O fornecimento de alimentos após os ritos funerários egípcios assemelhava-se bastante ao nosso hábito de servir comida nos velórios. Essas cerimônias eram muito respeitadas e tão ricas quanto o são hoje. Outra noção relacionada a isso é a da oferenda de orações como algo de praxe, não apenas em ritos funerários, em casa e na igreja, mas também diante de uma lápide ou de um monumento, muro ou portão. No caso

Arca da Aliança no altar de uma Igreja Católica Apostólica Romana contemporânea
(Fotografia gentilmente cedida pela Igreja Católica de Nossa Senhora do Monte Virgem [Our Lady of Mount Virgin Church], 188 MacArthur Avenue, Garfield, NJ 07026)

do Muro das Lamentações, em Israel, o mesmo tema perpassa as lamentações egípcias e reflete exatamente o mesmo desejo de levar as súplicas a uma edificação, seja esta uma igreja, um templo, etc., para garantir-lhes o reconhecimento divino.[12]

Visto que a comunhão envolve a abstinência, um católico romano devoto deve jejuar por pelo menos 1 hora antes de comungar, e deve consumir peixe às sextas-feiras. No âmbito do catolicismo romano, não parece haver nenhuma explicação específica para a abstinência (exceto boatos de que ela nasceu na França com o objetivo de promover a indústria pesqueira). No

Nihil Obstat que dá aprovação oficial ao *Dicionário de Liturgia*, declara-se que "essa regra não se funda em dados científicos (...). Recomenda-se sobretudo a abstinência de carne. (...) O Código de Direito Canônico prescreve a abstinência todas as sextas-feiras (cânone 1251)".[13] O jejum e a abstinência derivam da lenda egípcia do sagrado sacramento, segundo a qual "Osíris (...) foi esquartejado por Seth. (...) Ísis reuniu as partes do corpo do marido, mas o falo não estava entre estas, pois fora comido por uma espécie de peixe-tubarão. Daí o tabu eclesiástico relativo ao consumo de peixe no Egito, que é permitido em apenas um dia do ano."[14] O tabu em relação ao peixe seria uma forma simbólica de conservar e garantir a reverência ao deus em questão.

A unificação pode ser praticada não apenas através da comunhão simbólica, mas também mediante o uso, no momento da celebração do rito, de uma indumentária que a simbolize externamente. A vestimenta básica, tanto nas sociedades católicas quanto nas sociedades religiosas tradicionais do Egito, é composta por uma veste folgada de cor branca, também conhecida como alva; uma mitra, que é uma variante da antiga "tríplice coroa"; e, por fim, um báculo. Hoje o Papa usa a tiara tripla, uma espécie de coroa simbólica grande e pontuda. No Egito, as três coroas — uma vermelha, uma branca e outra azul (uma escolha de cores intrigante para os norte-americanos) — eram usadas, a primeira para simbolizar o norte do Egito, a segunda para simbolizar o sul do Egito e a terceira para indicar o poderio militar e reiterar a unificação.

O báculo, ou cajado na tradição bíblica, costumava ser usado como ferramenta pelo pastor de ovelhas e não como armamento. Os emblemas egípcios de realeza, o cajado e o mangual, eram ferramentas de orientação e condução, não armas; são objetos feitos "de um material leve se comparado àqueles usados (...) no leste do Mediterrâneo para extrair do mato a planta com que se fazia o láudano. O papel pastoral do rei é enfatizado em certos textos literários e religiosos nos quais a humanidade é vista como um rebanho a ser conduzido pelo criador e por seu emissário na Terra, o rei".[15] A ideia do pastor, aqui, assemelha-se àquela que encontramos no Salmo 23: "Teu bastão e teu cajado me deixam tranquilo".

Claramente, portanto, as origens mais arcaicas dessa ideia cristã não estão naquelas fontes que hoje se costuma considerar como primárias. O terreno para um mediador, isto é, para um filho de Deus sob a forma de um pastor todo-poderoso e um salvador nascido entre os homens comuns, já estava preparado muito antes do surgimento de Jesus.

Trindades

Tanto no catolicismo romano contemporâneo quanto na religião do Egito Antigo, o deus primário existe, ao mesmo tempo, como plural e singular. Cada um dos aspectos de ambas as religiões satisfaz a afirmação de que "todos os deuses são três": o Pai (o legislador implacável e irascível), o Filho (o gentil e bondoso cordeiro oferecido em sacrifício) e o Espírito Santo (o paráclito espiritual). Quanto a "Amon, Rá e Ptah. (...) 'Oculto' é seu nome como Amon, de Rá é sua face e Ptah é seu corpo".[16] Khnum-Atum/Aton-Rá-Ptah (deuses Pais), Osíris-Hórus (deuses Filhos) e Min/Amon (deuses do Espírito Santo) são o Pai, o Filho e o Espírito Santo. O verdadeiro nome de Aton é Rá-Hórus, ou "Rá-Harakhty, rejubilando-se pelo horizonte naquele aspecto da luz que está no Aton".[17] A propósito, segundo Y. B. Jochannen, é desse Aton-Amon que provém a palavra "Amém" que usamos até hoje.

O vínculo entre os nomes dos deuses aqui é essencial, visto que todos eles representam os mesmos arquétipos básicos e não raro se combinavam, se não em um mesmo nome, ao menos em um mesmo conceito. Eles eram e são individualizados e singularizados para que, na diversidade natural do panteão, pudesse ser percebida a possibilidade tanto da divergência quanto da unidade das religiões monoteístas. Morenz observa que Ptah-Sokar-Osíris é um só nome inicialmente usado para designar a trindade egípcia.

A princípio, quando refletimos sobre a trindade cristã, não nos parece razoável que Deus desça a um nível secundário por qualquer razão que seja. Por que uma força suprema única existiria como ela mesma e, ao mesmo tempo, se manifestaria como seu filho, deixando assim de ser algo *a priori* e voluntariamente colocando-se em uma posição secundária? A razão disso pode ser encontrada na literatura egípcia. Deus torna-se o filho quando o rei, que é a "personificação do deus cósmico, foi deslocado por (...) Rá, que conquistou a supremacia e rebaixou o rei à categoria de seu filho, passando este a lhe dever obediência".[18] As trindades egípcias eram concebidas para elevar uma divindade inferior à condição de uma divindade superior. Teoricamente, qualquer par de deuses inferiores poderia ser anexado ao deus mais poderoso, o criador onipotente, de modo a reforçar-se o poder deles, como, por exemplo, o poder do rei divino. E as trindades católicas são usadas com o mesmo propósito que as egípcias. A trindade secundária composta por Jesus, Maria e José é tão poderosa que representa o cerne do pensamento católico romano. Ela inspira o mais importante dos feriados cristãos e praticamente alçou Maria ao nível de Deus, como manifestação feminina dele. No cântico introdutório ao deus-sol Rá (Faulkner, p. 27), o primeiro verso afirma, de forma metafórica: "Salve! Tu vieste como o filho na infância [ser, ou Khepri]; um bebê que é o criador dos deuses." A frase não só é emotiva, como também, mais uma vez, remete diretamente às festividades católicas romanas do Natal; a criança é "o criador deus como deus em forma humana, o criador da humanidade (...) [cuja] mãe o acolherá nos braços".

Recentemente um senhor (cuja identidade não vem ao caso revelar) perguntou-me se, "sendo tanto Hórus quanto Jesus divindades solares e sendo Hórus uma divindade antissolar, o que a torna um análogo no mundo inferior", por que escolhi comparar Osíris com Jesus, em vez de, por exemplo, apenas com Hórus? Quando analisamos um composto de características trinitárias com traços intercambiáveis, isto é, Deus Pai, Deus Filho e Deus Espírito Santo, torna-se óbvio que as entidades em si mesmas são similares, se não idênticas. Neste exemplo, Hórus é uma extensão do conceito de Osíris como pai; o filho divino surgiu nascido de pais humanos, formando-se uma trindade: Ísis, Osíris e Hórus, e Maria, José e Jesus. "A trindade era um tema de suma importância na teologia egípcia, [e] (...) também encontramos esse tipo de indício na Grécia apenas uma geração antes do início da especulação teológica cristã"; as origens da trindade devem estar, portanto, no Egito, já que três era o número da "pluralidade do deus supremo; Ptah, Nefertum e Sekhmet".[19] As fontes históricas claramente comprovam o fato de que as trindades se desenvolveram no Egito em um estágio muito incipiente da história.

Linguagem sagrada

Nos tempos antigos, segundo George M. James, escreviam-se, assim como se escrevem hoje, máximas nas paredes dos templos e no alto de pórticos e portões. Essas máximas eram citadas com frequência e serviam como lembretes para os fiéis. A frase "coma, beba e seja feliz, pois amanhã podemos estar mortos", recorrente nas cortes europeias, é uma alteração da máxima egípcia, "Contempla [um símbolo físico da mortalidade] e bebe e sê feliz; pois quando morreres, assim serás".[20]

A própria palavra e o próprio conceito de "deus" são invenção dos egípcios e se expressavam por NṮR (neter ou ideal de Deus) na língua deles.[21] Alguns autores supõem que a origem do vocábulo é o natrão (um sal natural a partir do qual se fabrica o sabonete), que simboliza pureza e renovação.

As histórias de Jesus e Osíris, apresentadas como relatos de segunda e terceira mão, eram usadas para dar amparo à ideia do criador predestinado. Como a ocorrência desses eventos representa o cumprimento de profecias, os relatos escritos eram considerados sagrados; como, por exemplo, a *Bíblia* e o *Livro dos Mortos* egípcio.

A filosofia marxista sustenta que os burgueses sempre ocultarão informações sigilosas, para serem considerados "iluminados". Certas nações do Oriente Médio se consideravam "o povo escolhido" e decidiram que sua linguagem sagrada deveria ser mantida dentro dos limites de seu território. Os árabes também optaram por esse tipo de classificação seletiva, o que afetou suas línguas no que diz respeito à escrita e à maneira como estas se espalharam pelo mundo. É pelo mesmo motivo que, por exemplo, as línguas hebraica e egípcia não possuem vogais. Embora J. Wees observe que o árabe, o siríaco e o aramaico também não possuem vogais, costuma-se crer que essas línguas não provêm da mesma família; as semelhanças são atribuídas à proximidade geográfica e à possível disseminação linguística decorrente disso.

Assim, também há várias ligações entre a religião egípcia e o judaísmo. Na tradição judaica, o verdadeiro nome do Senhor não deve ser pronunciado, porque é sacrossanto; o termo Adonai é tabu. Da mesma forma, o encantamento 7 do *Livro dos Mortos* afirma que "[Deus] é aquele cujo nome é secreto"; "[tu], o oculto, cuja natureza ninguém conhece".[22]

No discurso coloquial egípcio, termos aparentemente opostos tendem a revelar-se como paralelos. Por exemplo, "Seth (...) é o grande Touro Selvagem. Ele é a alma de Geb".[23] A explicação é a seguinte. Seth é essencialmente um deus negativo (o paralelo cristão é Satanás); enquanto Geb é um deus positivo, o deus da terra. E aqui um positivo pode ser usado para descrever um negativo, sem que isso arruíne a reputação do deus. Seth pode ser entendido mais propriamente como a terra deserta — selvagem, virgem e indomada. Morenz observa que essa "justaposição de dois termos contraditórios [pode ter ocorrido porque] expressa totalidade na língua egípcia"; de novo, portanto, vemos a reiteração do separatismo e, ao mesmo tempo, a unificação.[24]

Muitas palavras e frases inglesas provêm da língua egípcia. Algumas palavras egípcias adaptadas ao inglês constam nos dicionários (como *ka*, *ankh* e *ba*, por exemplo), mas quantas mais não devem existir? Curiosamente, o próprio título da *Bíblia* é uma variante do nome de uma cidade síria que sofreu grande influência dos egípcios: Byblos. Byblos, uma deusa associada à vaca celestial Hathor, era famosa na cidade dos "pequenos livros" pelo comércio de papiros. Segue-se, então, que Byblos, o nome de uma deusa síria, tornou-se a palavra que designa, na tradição judaico-cristã, a Palavra de Deus.[25] Ironicamente, a *Bíblia* herdou seu nome de uma deusa local cujo culto era proibido em sua cidade. Por outro lado, o deus egípcio Set, ou Seth, foi identificado com Baal, ou Baal-Seth, o qual se tornou o deus cananeu conhecido como Baal-zebub ou Belzebu para as cidades que levaram o seu nome. Diante disso, torna-se duplamente funesta a afirmação de que a maior das manifestações do mal na *Bíblia*, isto é, Satanás, era uma palavra que designava Deus.

Há ainda outros nomes de deuses que também podem ter derivado do egípcio. Tiamat (minha suspeita é a de que a palavra pode ser uma versão corrompida de *-maat*) foi identificada com a mãe universal egípcia Nut e, como esta, era uma deusa hitita aquariana. Já Maau, como deusa felina, inspirou a onomatopeia "miau", usada até hoje. Muitos nomes de espécies de pássaros são de origem egípcia (como íbis, por exemplo), o que é mais uma prova de que os autores dos textos bíblicos usaram a nomenclatura como material de referência.

O deus Buto também pode ter contribuído para a palavra latina *buteo*, que designa um gênero de aves falconiformes (ao qual pertencem os gaviões, etc.), já que Buto, um deus-serpente que portava o *uraeus* na cabeça, pode ter sido associado à expressão "domador de serpentes", ou seja, alguém que tem poder sobre as cobras. Os búteos desempenhavam um papel importante na cultura egípcia, conforme o demonstram o deus falcão Hórus, as deusas em forma de abutre Nekhbet e Ísis, bem como a relação desse gênero de aves com certos fonemas; a representação para a letra *m* é uma coruja, e as vogais hoje interpretadas como *a*, *e* e *o* são representadas por um abutre.[26] A influência de Buto no *uraeus*, um adorno em forma de serpente que o faraó levava na cabeça, canalizava e dirigia o poder para *heka* (ou *heqa*) através do faraó.

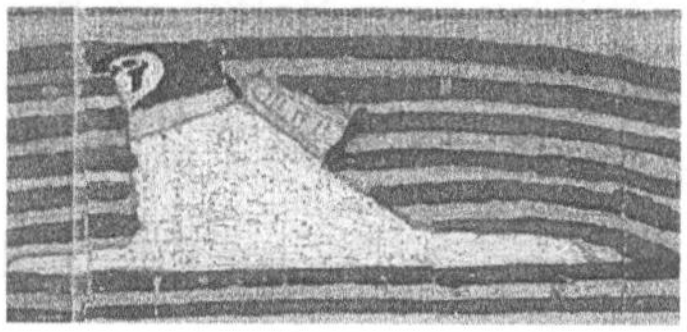

Vemos aqui uma representação de Hórus-Osíris, o deus em forma de falcão (um búteo ou ave de rapina) do Egito Antigo.
(Fotografia extraída da p. 183 de *The Egyptian Book of the Dead*, tradução inglesa de Faulkner, © 1972, na edição de 1985, revista por C. Andrews, com a permissão das editoras da Universidade do Texas e do British Museum.)

"Heka" referia-se à unificação de forças positivas e negativas, cujo acúmulo era chamado de mágica. Os egípcios inventaram as deusas Heka e Heket, e sua ideia foi adotada pelos gregos sob a forma da deusa Hécate (mensageira da morte e da magia negra), sendo que hoje encontramos, na língua inglesa, palavras como "hecatombe" (*hecatomb*) e "encanto" (*hex*).

O tema da semelhança entre línguas certamente merece ser estudado mais a fundo, e as formas de pronúncia atuais podem

Os búteos, e as aves de rapina em geral, são importantes o bastante para ganhar seu lugar tanto na Igreja Católica Romana contemporânea quanto na religião do Egito Antigo. Aqui vemos o atril de uma igreja católica moderna.
(Fotografia gentilmente cedida pela Igreja Católica Romana de Nossa Senhora do Monte Virgem [Our Lady of Mount Virgin Church], 188 Mac Arthur Avenue, Garfield, NJ 07026)

elucidar as antigas, no caso de palavras de cujas combinações orais temos poucos registros. A palavra "wad", em egípcio, por exemplo, era usada para identificar a cor verde. Hoje em dia, a palavra "wadi" é usada em países de língua árabe para designar regiões desérticas onde podemos encontrar vegetação verde e mananciais durante a estação das chuvas. Parece indubitável que outros milagres do deserto, como aquele do alimento "maná", fornecido aos israelitas segundo a passagem bíblica, tinham algo a ver com a linguística egípcia, visto que uma das palavras egípcias para poder é "mana".[27]

Para viabilizar um estudo mais acurado dos textos, o mais acertado seria que os estudiosos chegassem a um acordo e compusessem uma tradução baseada em um conjunto específico de nomes originais de deuses. A uniformidade no campo da egiptologia parece impossível, devido à incongruência entre as obras dos diferentes autores e tradutores; por exemplo, nomes egípcios comuns muitas vezes são mencionados a partir do grego, o que significa uma falha grosseira de atribuição de crédito. Corrigir isso em todos os casos tornou-se uma tarefa impossível, pois há casos em que a palavra original que designa o nome de um deus foi muito vulgarizada, a ponto de tornar-se irreconhecível em sua forma original; assim, por exemplo, *Pai* transformou-se para sempre no touro Ápis.

REPRESENTAÇÃO SIMBÓLICA

Jesus, enquanto Deus, é louvado em função do poder do Sol, da mesma maneira como acontecia no Egito Antigo. Em vários livros da *Bíblia* a "palavra de Deus", que, metaforicamente, significa o caminho para a vida, é descrita como a luz que combate a treva — isto é, o mal — diariamente. Isso equivale, em termos gerais, a Rá como o deus Sol que se ergue no leste para banir a escuridão instituída por Apep, a serpente do mal. Nesse contexto, Apep e Seth têm praticamente o mesmo significado.

Abaixo, enumeram-se alguns exemplos de passagens bíblicas em que há referências a Deus nos mesmos termos que os egípcios se referiam a Rá.

"[O] novo sacerdote brilhará como o Sol sobre a Terra. Ele afastará toda a escuridão que houver sob o céu."[28]

"Cheio de seiva, ao sol (...), [o ímpio] enreda as raízes entre pedras. (...)"[29]

"Doce é a luz, e agradável aos olhos ver o sol. (...)"[30]

"Mas para vós que temeis o meu nome, brilhará o sol de Justiça, que tem a cura em suas asas. (...)"[31] (A referência aqui é não apenas ao sol, mas também ao *ba* sob a forma da ave Benu, ou ao conceito de fênix, a que Deus se associa.)

"(...) porque ele faz nascer o sol igualmente sobre maus e bons e cair a chuva sobre justos e injustos."[32]

"(...) para que se soubesse que é preciso madrugar mais que o sol para te dar graças e, desde o raiar do dia, te encontrar; a esperança do ingrato se desfaz como a geada do inverno e, como água inútil, se escoa..."[33]

"No princípio era o Verbo/ e o Verbo estava com Deus/ e o Verbo era Deus. (...) Tudo foi feito por meio dele/ e sem ele nada foi feito./ O que foi feito nele era a vida,/ e a vida era a luz dos homens;/ e a luz brilha nas trevas,/ mas as trevas não a apreenderam."[34]

Josefo, em sua *Guerra dos Judeus* (que abrange a primeira metade do primeiro século da Era Cristã), descrevendo os saduceus, ou essênios, diz que estes "usam vestes brancas (...) [e] oram diariamente ao raiar do sol, (...) purificando-se em água fria."[35] Estas são as mesmas práticas dos altos sacerdotes antigos. As tradições judaicas (cumpridas após o pôr do sol) ainda hoje seguem um sistema em que o sol desempenha um papel importante.

Os essênios, que se afirma serem os autores dos *Manuscritos do Mar Morto*, "parecem ser descendentes dos *therapeutae*, ou curandeiros, uma seita de judeus asiáticos que habitava o lago Mareotis, no Egito. (...) Relata-se que os noviços essênios vestiam uma túnica azul, enquanto os iniciados usavam uma túnica branca. Será assim porque o noviço era ainda um "botão de lótus", isto é, não fora ainda iniciado?"[36] A flor de lótus egípcia, de cor azul, era associada à força espiritual, ao amor e à fertilidade; e, portanto, à mesma ideia de regeneração associada às garças sob a forma da ave Benu, que era capaz de voar até Rá, o Sol.

"Os hemerobatistas, uma misteriosa seita hebraica geralmente considerada uma ramificação dos pitagóricos essênios, (...) adoravam Jeová sob a forma de um deus Sol".[37] Em suas exposições, Robert Graves chega a insinuar a conclusão de que — são estes os seus termos — "os hebreus eram originalmente líbios". Mais apropriado, a meu ver, seria dizer que muitas das tradições judaicas originais são, na verdade, naturais da África. A favor dessa tese, o autor observa que, segundo Sículo e Hecateu, "a 'terra dos hiperbóreos' (...) [existiu] no século VI a.C. (...) Isso não contradiz os relatos de Heródoto (...) ou a visão (...) de que os primeiros hebreus eram líbios".[38] Em favor dessa constatação, por sua vez, ele continua: "foi apenas após o Exílio que os judeus buscaram eliminar o culto a imagens".[39]

Animismo

No livro *Bênçãos*, que compõe os *Manuscritos do Mar Morto* e foi escrito por volta de 1000 a.C., o "príncipe da congregação é louvado: 'Que tu dizimes os perversos. (...) Que Deus faça (de ferro) vossas trombetas e (de bronze) vossos capacetes; que vos agiteis como um jovem touro [e pisoteies os povos] como a lama das ruas!".[40] Ápis, Mnévis e Bukhis, os touros sagrados da tradição faraônica, bem como as vacas celestiais Baty, Ihet, Sekhat-Heru e Hathor, foram adoradas no Egito muito antes da redação desses versos. Os autores bíblicos, por sua vez, adotaram as mesmas metáforas com criaturas de todos os tipos.

Na estela ptolomaica egípcia, está escrito que "um sacerdote deve se referir à sua função de cuidar dos animais sagrados e embalsamá-los, ao mesmo tempo que à retidão de sua conduta moral, como atos merecedores da recompensa divina".[41] Os egípcios já haviam fundado esse "importante conceito teológico (...), [já que] aceitavam o homem, sem rejeitar o reino animal"[42]. "O paganismo e as religiões animistas viam a humanidade como uma parte da natureza igual a todas as outras partes e criaturas."[43] Os egípcios ainda estavam em vantagem, já que não negavam a natureza como parte do domínio celeste. O encantamento 24 afirma: "Transforma-te numa garça, a mãe que te criou". Essas imagens deixam pouco espaço para divisões entre a vida real, a religião e a ciência.

Essa visão é diametralmente oposta àquela da Igreja Católica Romana contemporânea. O Papa permite "que representemos [Jesus] como um peixe, como o Sol, como pão, como a vinha ou como um cordeiro, um herói conquistador e até uma serpente alada; entretanto, ameaça-nos com o fogo do inferno se ousarmos celebrá-lo sob a forma dos veneráveis deuses que ele preteriu e de cujos rituais derivou-se cada um desses símbolos".[44]

Os autores bíblicos claramente traçam analogias com essas fontes, como o demonstram as deusas e os deuses leoninos, como Sekhmet, Pakhet, Shesmetet e Tefnut, que, segundo a tradição de uso de suas definições egípcias, foram associados à ira do deus israelita; "o leão matou o bastante para alimentar seus filhotes e estrangulou a caça para sua parceira. (...) O Leão Furioso que golpeia por meio dos seus grandes súditos e dos homens a seu lado, [que encheu sua cova de cadáveres], executando vinganças contra os 'buscadores de coisas fáceis', que enforcou homens vivos (...) em Israel. (...) Pois, para o enforcado vivo em uma árvore, ele é terrível".[45]

Muitas outras comparações desse tipo são cabíveis. Podemos comparar, por exemplo, o Hino a Aton com o Salmo 104, e as máximas de Ptah-hotep com os Dez Mandamentos.[46] Nas próximas páginas forneço alguns outros exemplos, mas um estudo exaustivo dos textos egípcios em comparação com a Bíblia é um empreendimento que certamente se revelaria proveitoso e necessário.

Nessa mesma linha, vale ressaltar que a ideia da predestinação estabelece uma outra ligação com o protestantismo, não sendo, portanto, apenas uma ideia reformista. As "ideologias [relacionadas a essa ideia] se desenvolveram" no Egito Antigo, onde se "afirmava que o rei estava predestinado a governar desde o seu nascimento ou mesmo antes. (...) Nos Ensinamentos para o rei Merikara, afirma-se que Deus cria (...) 'os governantes desde o ventre da mãe'".[47] Nas inscrições encontradas no túmulo de Petosiris, lê-se que "Deus planta [os maus pensamentos] no coração daquele que ele odeia, para que os bens deste sejam dados a outro, que ele ama"; e novamente, segundo a doutrina de Ptah-hotep, "aqueles que (...) [os deuses] odeiam (...) [está] condenado desde o ventre da mãe".[48] Outra prova de que a tradição no Egito Antigo coincide com a da *Bíblia* é o seguinte trecho, que coincide com Matusalém, "os homens que se portam com retidão são recompensados com a longevidade. (...)"[49]

Segundo um dito pré-cristão sobre a ressurreição, "Não partistes mortos, mas vivos".[50]

O Livro dos Mortos	A Bíblia
Não ponha tuas expectativas na extensão dos anos; [para os juízes dos mortos] uma vida inteira é como uma hora. Um homem permanece depois de morto e seus feitos são postos a seu lado em pilhas.[51]	Não ajunteis para vós tesouros na Terra, onde a traça e o caruncho os corroem (...); pois onde está teu tesouro aí estará também teu coração.[52]
Homenagem a ti, Rei dos reis, Senhor dos senhores, Príncipe dos príncipes, que do ventre de Nut tomaste posse das duas terras; ele governa as planícies da terra silenciosa, ele, o corpo dourado, que tem a cabeça azul e sobre cujos braços está a turquesa.[53]	Ele então me arrebatou em espírito sobre um grande e alto monte, e mostrou-me a Cidade santa (...), com a glória de Deus. Seu esplendor é como o de uma pedra preciosíssima, uma pedra de jaspe cristalino. (...) Aquele que comigo falava tinha como medida uma cana de ouro (...) e a cidade é de ouro puro, semelhante a um vidro límpido. Os alicerces da muralha da cidade são recamados com todo tipo de pedras preciosas. (...)[54]
Ó criatura de cera que rouba e que vive nas criaturas inertes, não serei inerte diante de ti, não serei fraco diante de ti, teu veneno não entrará em meus membros, pois estes são os membros de Atum. Se não sou fraco diante de ti, o sofrimento de ti não entrará nestes meus membros.[55]	Caso o teu olho direito te leve a pecar, arranca-o e lança-o para longe de ti, pois é preferível que se perca um dos teus membros do que todo o teu corpo seja lançado na geena.[56]

O Livro dos Mortos	A Bíblia
Tua inimiga a serpente foi lançada ao fogo e a serpente rebelde caiu; seus braços foram acorrentados e Rá levou-lhe os movimentos.[57]	A serpente era o mais astuto de todos os animais dos campos, que Deus tinha feito. (...) Então Deus disse à serpente: "Porque fizeste isso és maldita entre (...) todas as feras selvagens. Caminharás sobre teu ventre e (...) Foi expulso o grande Dragão, a antiga Serpente, o chamado Diabo ou Satanás, sedutor de toda a terra habitada.[58]
O herói (...) perscruta o reino dos mortos [e] (...) aprende de que modo, por um julgamento divino, os opulentos objetos de decoração do túmulo de um homem rico mas injusto são transferidos ao homem pobre mas justo, que é sepultado de modo justo; este alcança a felicidade junto a Osíris, enquanto o homem rico sofre os tormentos do inferno.[59]	(...) é mais fácil o camelo entrar pelo buraco da agulha do que o rico entrar no Reino de Deus.[60, 61]

O Livro dos Mortos	A Bíblia
(...) que diz: Salve, deuses da morada das almas, que pesais o céu e a terra na balança. (...) Aclamai Rá, senhor do céu, príncipe criador dos deuses. (...) Que me seja preparado um lugar no barco do Sol no dia em que o deus atravessar navegando; e seja eu recebido na presença de Osíris na Terra da Redenção.[62]	Cesse de perturbar-se o vosso coração! Crede em Deus, crede também em mim. Na casa de meu Pai há muitas moradas. Se não fosse assim, eu vos teria dito, pois vou preparar-vos um lugar. (...).[63]
Que seja louvado Osíris Unnefer, o grande deus (...) rei da eternidade, senhor da perpetuidade (...), senhor da altiva coroa branca, príncipe de deuses e homens. Ele tomou o cajado e o mangual [ferramentas do pastor de ovelhas] e o ofício de seus ancestrais.[64]	O Senhor é meu pastor, nada me faltará. (...) Ainda que eu caminhe por vale tenebroso; nenhum mal temerei, pois estás junto a mim; teu bastão e teu cajado me deixam tranquilo.[65]
(...) ele governa as planícies da terra silenciosa, ele, o corpo dourado, que tem a cabeça azul e sobre cujos braços está a turquesa. Salve, coluna das miríades, que tudo abarca com teu peito, que és bondoso de semblante na Terra Sagrada. Concede poder no céu, supremacia na terra e redenção no reino dos mortos (...).[66]	(...) eis que te coloco, hoje, como uma cidade fortificada, como uma coluna de ferro, como uma muralha de bronze, diante de toda a terra: os reis de Judá. (...) Eles lutarão contra ti, mas nada poderão contra ti, pois eu estou contigo — oráculo do Senhor — para te libertar.[67]

O Livro dos Mortos	A Bíblia
Salve, coluna das miríades, que tudo abarca com teu peito, que és bondoso de semblante na Terra Sagrada. Concede poder no céu, supremacia na terra e redenção no reino dos mortos.[68]	(...) deste aos teus uma coluna de fogo para os guiar num caminho desconhecido, qual Sol inofensivo, em sua gloriosa migração. (...) Teu povo esperava já a salvação dos justos e a ruína dos inimigos. (...)[69]
Concede que lhe sejam dados pão e cerveja na presença de Osíris, e ele será para todo o sempre como os seguidores de Hórus.[70]	(...) Jesus tomou um pão e (...) partiu-o e, distribuindo-o aos discípulos, disse: "Tomai e comei, isto é o meu corpo." Depois, tomou um cálice e (...) deu-o a eles dizendo: "Bebei, (...) pois isto é o meu sangue (...) derramado por muitos para remissão dos pecados. (...) convosco beberei o vinho novo no Reino do meu Pai.[71]
Nenhum mal causou pela palavra enquanto esteve sobre a Terra.[72]	A vossa palavra seja sempre agradável (...).[73]
Ele não diminuiu as oferendas nos templos, não destruiu o que fora feito. (...)[74]	(...) deixa a tua oferta ali diante do altar. (...) Ninguém fará o mal nem destruição nenhuma em todo o meu santo monte. (...)[75]

As próximas páginas trazem comparações entre o Hino a Aton e o Salmo 104.[76] Alguns dos versos mais ao final são repetidos ou dissecados para demonstrar a precisão da comparação em seus mínimos detalhes. É importante, ainda, ter em mente que o Hino a Aton foi escrito por volta de 1350 a.C., enquanto o Salmo 104, acredita-se que tenha sido escrito em 500 a.C.

Hino a Aton

Na aurora, quando apareces no horizonte
Toda a terra se põe a trabalhar.

(O salmista evoca Iahweh, que determinou a regularidade do Sol.)

Salmo 104:22-23

Ao nascer do Sol se retiram
e se entocam nos seus covis;
sai o homem para sua faina,
e para o seu trabalho até a tarde.

Hino a Aton

Quão numerosas são as tuas obras. (...)
Ó deus único, que igual a ti não há outro!
Tu criaste o mundo conforme o teu desejo
Quando estavas só.
Quão operativos são os teus planos,
Ó senhor da eternidade!

Salmo 104:24

Quão numerosas são as tuas obras, Iahweh,
e todas fizeste com sabedoria!
A terra está repleta das tuas criaturas.

Hino a Aton

Tu pões todos os homens em seu lugar,
Tu provês as suas necessidades:
Cada um tem seu alimento e é contada a duração de sua vida.

Salmo 104, 14:15, 27

(...)
fazes brotar relva para o rebanho
e plantas úteis ao homem,
para que da terra ele tire o pão

e o vinho, que alegra o coração do homem;
para que ele faça o rosto brilhar com o óleo,
e o pão fortaleça o coração do homem.

(...)

Eles todos esperam de ti
que a seu tempo lhes dês o alimento.

Hino a Aton

Fizeste um Nilo celestial,
Para que desça a eles e faça
ondas por sobre as montanhas.

Salmo 104:6, 10

(...) cobriste-a [a terra] com o oceano, como um manto,
e as águas se postaram por cima das montanhas.

(...)
Fazes brotar fontes d'água pelos vales:
elas correm pelo meio das montanhas,
(...)

Hino a Aton

Ó disco solar vivente, senhor do céu e da terra,
Tu surges esplêndido no limiar do paraíso;
brilhando no horizonte oriental,
enches todas as terras com a tua beleza!

Salmo 104:1-2

Iahveh, Deus meu, como és grande
(...)
envolto em luz como num manto (...)

Hino a Aton

Todos os leões saem de seus covis;
Todas as criaturas rastejantes mordem.
A escuridão é tumba e a terra jaz inerte,
Quando aquele que os fez descansa no horizonte.

Salmo 104:21-22

(...)
rugem os leõezinhos em busca da presa,
pedindo a Deus o sustento.
(...)
Ao nascer do sol se retiram
e se entocam nos seus covis.

Hino a Aton

Todos os animais estão contentes com sua pastagem;
As árvores e a relva crescem.
Os pássaros que voam do ninho
Têm as asas [abertas] em louvor de teu ka.
Todos os animais irrompem sobre seus pés.
Todas as criaturas que voam e pousam
Vivem quando te levantas para elas.
Os barcos rumam para o norte e para o sul também,
pois todos os caminhos se abrem quando apareces.
Os peixes no rio disparam diante de ti;
Teus raios chegam no âmago do grande mar verde.

Salmo 104:11-14; 25-26

[As fontes] dão de beber a todas as feras do campo,
e os asnos selvagens matam a sede;
junto a elas as aves do céu se abrigam,
desferindo seu canto por entre a folhagem.

De tuas altas moradas regas os montes,
e a terra se sacia com o fruto de tuas obras;
fazes brotar relva para o rebanho
e plantas úteis ao homem,
para que da terra ele tire o pão
(...)
Eis o vasto mar, com braços imensos,
onde se movem inumeráveis,
animais pequenos e grandes;
ali circulam os navios, e o Leviatã,
que formaste para com ele brincar.

Hino a Aton

Tu fizeste o céu bem ao longe para nele brilhar.

Salmo 104:2

(...) como és grande:
(...)
estendendo os céus como tenda
(...).

Hino a Aton

Fizeste as estações para nutrir tudo o que criaste.

Salmo 104:19

Ele fez a lua para marcar os tempos
(...).

Hino a Aton

Quando te pões no horizonte do Ocidente, a escuridão cobre a terra à maneira da morte.

Salmo 104:19-20

(...)
o sol conhece o seu ocaso.
Colocas as trevas e vem a noite,
(...).

Hino a Aton

Todos os leões deixam seus covis e todas as serpentes mordem.

Salmo 104:20

(...) rondam todas as feras da selva;
rugem os leõezinhos em busca da presa,
(...).

Hino a Aton

Quando nasces no horizonte, vem a aurora.

Salmo 104:22

Ao nascer do sol (...).

Hino a Aton

O mundo inteiro sai a trabalhar (...).

Salmo 104:23

Sai o homem para sua faina,
(...).

Hino a Aton

Os peixes no rio pululam ante ti; teus raios estão no mar.

Salmo 104:25

Eis o vasto mar, com braços imensos,
onde se movem, inumeráveis,
animais pequenos e grandes;

Hino a Aton

Os barcos navegam tanto ao norte quanto ao sul.

Salmo 104:26

(...)
ali circulam os navios (...).

Hino a Aton

Tu colocas cada um em seu lugar e supres as necessidades de cada um por meio do alimento.

Salmo 104:27

Eles todos esperam de ti
que a seu tempo lhes dês o alimento:
(...).

Hino a Aton

Quão numerosas são as tuas obras.

Salmo 104:24

Quão numerosas são tuas obras, Iahveh,
(...).

Nesse contexto, também vêm à mente os temas clássicos da *Bíblia*. No Gênesis (capítulos 15 a 21), o desejo de Abraão e Sara de ter um filho apesar de sua aparente infecundidade bem poderia ter-se baseado na história de Taimhotep e sua esposa. Deus ordenou que fossem feitos sacrifícios, após os quais o casal receberia sua graça.[77]

Na versão bíblica dessa história, o filho, Isaac, gerou Jacó. Jacó e sua família tinham visões em seus sonhos, como por exemplo, a da famosa "escada de Jacó". Os crentes egípcios também recebiam mensagens assim em sonho. Entre os exemplos literários, podem-se citar as inscrições na Estela da Fome, segundo as quais Khnum-Rá-Ptah, para fazer cessar as mortes, apareceu ao faraó Djoser (2630-2611 a.C.) e deu-lhe a conhecer em que momento o sofrimento cessaria.[78] Está claro que muitos paralelos existiram e foram conservados e disseminados pelas classes superiores, bem como pela educação religiosa.

As escolas de mistérios egípcias

À medida que a instrução dos convertidos vai se tornando necessária, começa a ocorrer a institucionalização de uma religião. A conservação do edifício literário e artístico, bem como dos benefícios de uma tradição duradoura, só é possível com a ajuda de um corpo docente muito bem organizado e instruído. Os sistemas egípcios organizados com esse propósito ficaram conhecidos entre os visitantes estrangeiros como as abomináveis "Escolas de Mistérios", as quais se tornaram, em termos gerais, equivalentes das nossas universidades. Davam-se aulas "sobre a natureza da religião (...). Deve ter havido algo parecido com o catecismo".[79]

Uma vez que a origem dos institutos teológicos pode muito bem estar no Egito Antigo, é preciso determinar de que forma o conhecimento se espalhou de um continente a outro. Em 650 a.C., durante o reinado do faraó Psamético (664-610 a.C.), os egípcios, que tentavam estender tanto quanto possível sua esfera de influência, já comerciavam com a Grécia. Ao nordeste, os hititas e seus aliados, profundamente influenciados pelo Egito, começaram logo a imitar os hieróglifos e as esfinges destes.[80] Ao sul, os habitantes de algumas cidades, como Meroé, berço perdido do Sudão e da Etiópia da Antiguidade, chegaram a ponto de construir pirâmides e fazer do egípcio sua língua oficial.

Sesóstris (1965-1920 a.C.) estendeu a zona de comércio do Egito até a Índia e aos territórios a leste do oceano Pacífico. Isso explica a influência egípcia exercida não apenas sobre a Índia, mas também sobre a China, e que se revela a partir de relatos de negociações políticas.[81]

Para Yosef Ben Jochannen, Abraão nasceu em Ur, na Caldeia, por volta de 1675 a.C. "Antes de 1000 a.C., não há nenhum registro escrito de origem europeia. O primeiro texto europeu foi o de Homero e, segundo este autor, Zeus e Apolo vieram da Etiópia. Essa teoria corrobora à de George M. James, segundo a qual estudantes formados nas escolas egípcias saíram em viagens missionárias por outros países. A reputação deles se tornou amplamente conhecida e "impressionou Heródoto quando este visitou o Egito por volta de 450 a.C. (...) Na *Odisseia*, Homero se refere aos egípcios como "descendentes de Péone". Péone era o médico dos deuses do Olimpo. (...) O profeta Jeremias também se referiu ao Egito como 'terra de muitos remédios'". Suas práticas eram, portanto, "conduzidas pelos sacerdotes e foram descritas por Heron, um matemático grego do século II a.C.".[82]

Os graduandos, ao que parece, faziam um "doutorado" com os sacerdotes, o qual incluía a cura tanto de doenças mentais quanto de doenças físicas. "Havia no Egito uma abundância de feiticeiros e magos. (...) Do médico egípcio esperava-se não apenas que curasse seus clientes, mas que impedisse a entrada de cobras nas casas das pessoas e espantasse todas as criaturas nocivas".[83]

Jochannen também constata que Imhotep praticava a medicina em 2870 a.C., ou seja, 2.400 anos antes de Hipócrates. Sua tese é a de que muitas das descobertas creditadas aos gregos e aos europeus na verdade não passam de probabilidades. Acredita-se, portanto, que instituições educacionais desse tipo tenham se instalado por todo o território egípcio. Há boatos de que oradores e profetas famosos, inclusive Moisés, frequentaram essas escolas.

O que há de "misterioso" nas escolas egípcias é antes o nome pelo qual ficaram conhecidas, pois os ensinamentos que nelas se transmitiam sempre estiveram, ao que parece, clara e prontamente disponíveis a todos, bastando que o estudante estivesse familiarizado com alguns princípios básicos. Esses ensinamentos incluiriam uma hermenêutica dos textos sagrados, com frases como, "quanto a Min, ele é Hórus, que protegeu o pai".[84] A explicação é a seguinte: Osíris lutou com Seth, saiu ferido, morreu e ressuscitou. Min, o deus das múmias ou dos "mortos vivos", preservou Osíris, da mesma maneira como o fez Hórus ao tentar proteger o pai. Assim como a linguagem do *Livro dos Mortos*, a explicação é a fórmula técnica que traduz a "aritmética" daquilo que talvez pudesse ser interpretado como um mistério do Egito Antigo. O circunlóquio aqui escolhido pode ser celebrado como uma forma de preservar uma ordem sagrada muito bem conhecida, vivificando-se a simples descrição literária mediante sua tradução em um enredo rico de nuances. O objetivo deve ter sido o de auxiliar na memorização: sugere-se uma ideia verbal que evoca uma determinada imagem mental.

Para poder dizer que Min é Hórus, que protegeu o pai, a pessoa precisa conhecer a história dos três. É como quando alguém diz, "Jesus, Maria e José", e um católico romano logo imagina uma manjedoura cheia de feno, ovelhas e cabras. Isso exige não apenas conhecimentos extremamente detalhados da parte de quem ouve essas palavras durante uma cerimônia, como também sugere a ideia de que, se as artes visuais e literárias do Egito são consideradas monótonas e estáticas, isso ocorre em parte porque a memorização criativa tinha de ser facilitada, assim como ocorre hoje com as histórias de acampamento e a tradição oral. Ao mesmo tempo, o fenômeno requer um alto grau de influência e é intrigante em si mesmo; pois implica que os mais detalhados conhecimentos religiosos estavam prontamente disponíveis ao grande público e não apenas às classes superiores.

O panteão não apenas era detalhado, como também se caracterizava pela interligação de conceitos complexos e de nomes de deuses. Aton, o deus único de Akhenaton, era na verdade Rá-Harakté, o falcão de Hórus, por concepção, tendo mais tarde se tornado o disco solar.[85] Aton era a culminação de vários deuses que o antecederam e foi concebido como a deificação definitiva de uma substância ou ideia, o que é característico do panteão egípcio.

Esse tipo de deificação hermenêutica pode ter-se iniciado a partir da associação filosoficamente complexa de um ideal divino intangível a coisas mais reconhecíveis na vida cotidiana. Os gregos tentaram modificar algo que, na verdade, era uma abstração teológica egípcia, como o prova o "mundo das ideias" de Platão. O quadro apresentado nas páginas que se seguem visa demonstrar a correlação entre ideais como esse e seus nomes deificados. Vale ressaltar que essas ideias são de caráter geral e não correspondem necessariamente apenas às abstrações mencionadas. Por exemplo, conforme observa o editor-chefe da revista *Kemet* em seu artigo de janeiro de 2005, "Sekhmet não apenas é a personificação do princípio da 'vingança', como também reúne aspectos bélicos e restauradores sob a forma de forças que atraem a cura e o sucesso".

Abstração	Nome egípcio	Nome judaico-cristão	Nome latino/grego[86]
Abundância	Bahet	Zinah	Poros
Alegria	Autyeb	Naum	Eufrosina
Amor	Ken	Jegar	Eros
Anjo da noite	Heqet	Laila	Hécate
Aurora	Aasheft	Kedem	Eos
Batismo	Kebechet		
Brilho do sol	Ahat/ Net		
Cabeleira de Berenice	Berenic		Vênus
Céus	Hotep	Tohu	Urano
Clima	Nebt		
Confusão	Rait	Babel	
Coral		Ramot	
Desejo de vingança	Sekhmet/ Setna	Sitnah	
Deserto/ Desolação	Seth	Belzebu	Hades
Destruição/ Pecado	Ammit	Horma	
Discórdia	Neith	Esek	Éris
Divisão		Peleg	Zelos
Educação	Seshat		Saturno
Equinócio da primavera		Nisan	Zeus
Escuridão	Kekt		Érebo
Face do sol	Rá	Fanuel	Hélio/Apolo
Falcão	Hórus (o antigo/ o jovem)/ Heru-pa-khered/ Heru-ur		Harpócrates/ Haroéris
Fertilidade	Bast		Deméter
Fogo	Upes	Esh	Prometeu
Força		Boaz	Krátos

Abstração	Nome egípcio	Nome judaico-cristão	Nome latino/grego[86]
Fortuna	Renenti		Fortuna
Fumaça		Chidon	
Guerra	Mafdet		Ares
Infinito	Hehet		
Inteligência	Sia		Penélope
Isolamento	Aasith		
Julgamento	Anúbis	Dinah	
Juventude	Kebehut		
Leão	Sekhmet	Ariel	Héracles
Lua	Mut/ Khons	Lewana	Selene (Diana, em Roma)
Luz	Khut	Lior	Hyperion
Luz do crepúsculo	Ahabit/ Akusaa		
Magia	Heka		Khoemnis/ Magicus
Maternidade	Baty	Eva	Hera
Mercúrio	Sebeg		Hermes
Moral	Anúbis		Erínias
Mumificação	Min		
Orbe primordial		Adoil	
Orgulho		Rahab	Aracne
Órion	Sekhmet	Cesil	
Plêiades		Cimah	
Pó		Adamah	
Política	Onuris		
Proteção	Sekhmet		
Semente	Mut		
Ser	Khepri	Eheyeh	Zeus
Sírius	Sepedet/ Ísis		
Tempo	Atum		
Terra	Geb	Robu/ Heled	Gaia
Trajetória do Sol	Abet-neteru		
Ursa Maior	Kepha		
Vaca	Hathor		
Vida	Ankh	Chavah	Átropos
Zodíaco		Mazzarot	Urânia

Os grandes líderes do Egito tinham não apenas um profundo conhecimento de religião, mas também um vasto conhecimento de medicina e botânica. O Papiro de Kahun (aprox. 2000 a.C.), segundo a tradução de Ebers, "contém 700 receitas. (...) Os remédios de composição mineral incluem uma solução de hidróxido de amônio acrescida de sulfatos, carbonatos e óxidos de diversos metais. Os sais de cobre podem ter sido receitados para a oftalmia, uma doença muito comum em um país quente e desértico como o Egito. Várias substâncias são mencionadas, como o cloreto de sódio e o sulfato de ferro, bem como os óxidos e carbonatos do chumbo. (...) Entre os remédios vegetais, estão a cebola, a alcaravia, a menta, os aloés, a mirra, o cólquico, o açafrão, o cedro. (...) A família da ervilha e a do feijão (...) são características do vale do Nilo (...) [assim como] as acácias, as mimosas e as cássias (...)".[87] Os egípcios também usavam goma arábica, figo, linho e óleo de linhaça. O Papiro de Ebers também contém receitas de cura; alguns chegaram a sugerir que suas origens remontam a aproximadamente 3000 a.C.

"Era comum ministrar-se o sangue da íbis, e há vários registros do valor terapêutico das pedras preciosas."[88] Nesse contexto, é interessante ressaltar que a ciência tem provado muitas das teorias antigas. Recentemente li um trabalho em que se estudavam os efeitos medicinais de vários metais e várias pedras preciosas. Foram constatados alguns efeitos benéficos nos casos da turmalina, das pérolas, da mica, do ouro e da serpentina. Por que deveríamos nos surpreender? Há anos que se conhecem os benefícios de substâncias como ferro, cálcio, cobre, zinco, manganês e magnésio. Certos raciocínios extravagantes, como aqueles insinuados pelo químico no trecho que se segue, estão ainda mais imbuídos do "espírito de Heka": "metais amplamente utilizados, como o mercúrio (...) na medicina tradicional (...), estimulam a atividade catalítica com sua presença (...) sem jamais alcançarem a corrente sanguínea".[89] Talvez a ciência seja muito mais do que aquilo que hoje conhecemos, e talvez haja muito mais conhecimento técnico na chamada medicina "popular" do que o que hoje se reconhece.

De qualquer modo, a educação egípcia não se esgotava com o estudo dos metais, das ervas e da medicina natural em geral. Conforme sugere o quadro das páginas 57 e 58, era preciso estudar as propriedades atribuídas aos deuses (a título de exemplo, ver a discussão sobre Deus/Rá sob a forma da magnetita e do natrão como alegoria da divindade, pp. 69-72). Os corpos celestiais e as representações de cunho iconográfico eram componentes essenciais dos estudos de qualquer aluno sério, assim como a astronomia, a mais meticulosa matemática e, bem possivelmente, a astrologia.

Exigia-se um grande nível de detalhamento para a elucidação matemática do exato posicionamento dos túmulos (são exemplo disso as pirâmides), de modo a garantir-se a ressurreição. Em um dos exemplos documentados, para provar os resultados, os egípcios deveriam fazer o seguinte: "Calcular a data em que a ascensão reta das duas estrelas diferiria em exatamente 180 graus (...) [e] calcular a distância angular mínima entre o polo celestial norte e o círculo máximo traçado para os pares de estrelas a intervalos de 25 anos em torno dessas datas".[90] A precisão significava a diferença entre a vida e a morte. Diante disso, os rumores de que Pitágoras estudou no Egito ganham sustentação lógica.

No segundo ano do reinado de um faraó, era realizado um rito de passagem para escolher um local de sepultamento com base na posição das estrelas. "Fazia-se uma rica cerimônia de determinação do norte (...), em vez de uma sequência sistemática (...) ao longo de meses ou anos. (...)"[91] Nesse momento, determinavam-se os movimentos das estrelas e faziam-se os gráficos necessários. "Entre os pesquisadores de métodos astronômicos, é consenso que os egípcios orientavam-se pelas estrelas do norte e do círculo polar, o que sugere que a cerimônia de alinhamento era conduzida tendo como destino o leste ou o oeste da pirâmide. (...) [Estudos] sugerem que apenas um dos lados era alinhado com precisão e que este era o lado oeste da edificação";[92] o lado voltado para o reino dos mortos, isto é, aquele relacionado à vida após a morte, era o mais preciso.

O asterismo conhecido como a Grande Concha e a constelação de Ursa Menor formam ganchos ao redor do polo, entre Kochab e Mizar. Kochab e Mizar estão na constelação que inclui a Grande Concha, que se chamava Adze no Egito Antigo. "Será possível encontrar referências a essa cerimônia nos textos antigos? Há um texto que fala de duas garras afiadas perseguindo uma à outra ao redor do polo. Seria isso uma alusão a Kochab e Mizar traçando seus círculos de alinhamento? Das oito pirâmides que datam de 2600 a 2400 a.C., seis se posicionam aproximadamente ao longo de uma linha reta. As outras duas, isto é, a pirâmide de Quéfren [(2520-2494 a.C.), filho de Quéops (2551-2528 a.C.)] e a de Sahuré [2458-2446 a.C.], localizam-se próximas a esse grupo".[93] Isso sem falar dos muitos outros alinhamentos, como aquele da câmara da rainha com o cinturão de Órion, entre outros.

Em determinados pontos, todas essas características convergem para projetar uma imagem xamânica. Profundos conhecimentos de astronomia e matemática se aplicam, por exemplo, à figura da constelação Serpentário. "Na mitologia grega, Asclépio é (...) um médico mortal que nunca viu morrer um paciente seu. Isso chama a atenção (...) [do] deus dos mortos. (...) Quando [o portador da serpente] tenta ressuscitar Órion, que fora morto por um escorpião, Hades (...) [tenta eliminá-lo.] Como reconhecimento ao mérito de Asclépio, (...) [este] é posto no céu sob a forma de uma constelação, junto ao escorpião, mas bem longe de Órion para evitar mais problemas. Desde então, Órion e Escorpião não mais se encontram, pois estão em lados opostos do firmamento. Quando se avista um deles, não se avista o outro. (...) [Serpentário, o portador da serpente] (...) é colocado no zodíaco, mas não é (...) listado junto com as constelações, possivelmente porque, se o fosse, haveria então 13 constelações, em vez de 12. (...) Referir-se ao Portador da Serpente como a um médico não é mero capricho. Considera-se que a figura representa Asclépio, o deus grego da medicina cujas origens podemos fazer remontar a Imhotep (aprox. 2900 a.C.), um eminente médico e arquiteto (...) [e que portanto representa] uma personagem histórica."[94] (O portador da serpente, como representação, assemelha-se ao símbolo da medicina, um bastão em volta do qual se enroscam duas serpentes; é ao ato de domar as serpentes ou ao de curar o paciente de suas mordidas que se vincula *heka*, pois diz respeito à habilidade do médico em lidar com as doenças.)

A mesma metáfora é aplicada a outras pirâmides, das quais citarei apenas algumas; por exemplo, a associação do rei Khufu (ou Quéops, que ficou famoso por causa da pirâmide, de aprox. 2700 a.C.) com a constelação de Cefeu; a de Berenice, uma rainha egípcia do século III a.C., com a constelação conhecida como Cabeleira de Berenice (o cabelo da rainha foi roubado e dedicado à deusa); e a de Cassiopeia, rainha da Etiópia e esposa de Khufu, à constelação que leva seu nome; o mesmo aconteceu com Andrômeda, sua filha.[95] Andrômeda tinha uma mãe presunçosa, por isso uma baleia foi enviada para engoli-la (histórias transmitidas por tradição oral, de constelações que datam de antes de 2000 a.C.; já ouviram falar de Jonas e a baleia?) Como Jonas, ela também se salvou. As Plêiades também parecem ter raízes egípcias por trás de suas raízes gregas, visto que as sete estrelas que dão a forma da constelação foram colocadas no firmamento por Zeus para imortalizar pessoas, o que coincide com a ideia egípcia de *akhu*.

Está cada vez mais claro que o sistema de ensino das escolas de mistérios do Egito Antigo consistia em rigorosos estudos, entre os quais podemos citar: a moral aplicada às práticas sagradas vinculadas à conduta dos sacerdotes, bem como à conduta para com as pessoas comuns, incluindo-se o sacrifício e as regras de etiqueta; treinamento oracular, incluindo-se a habilidade de causar "mistérios", de interpretar sonhos e prestar aconselhamento; e um domínio dos conhecimentos de botânica aplicada à elaboração de remédios, bem como de geologia básica, métodos de conservação do corpo, entre outras artes e ciências interpretativas ou semelhantes a essas, como a matemática, a astronomia e a filosofia. É impossível que maravilhas como essas tenham se preservado sem um ensino formal.

Portanto, esse sistema de conhecimentos religiosos tão pormenorizados que se perpetuou através do ensino incluía a cura de doenças e o afastamento de qualquer forma de manifestação negativa. Complexas deificações se ligavam de tal modo umas às outras que a memorização criativa e a tradição oral eram fomentadas como os métodos mais prontamente compreensíveis de associação temática. Não havia divisões negativas entre a astronomia e a astrologia, nem entre o mundo animal e o mortal; a espiritualidade poderia ser sentida com o outro e no outro, conforme vemos na literatura da época. O conhecimento geológico, médico e botânico complementava um tipo de precisão matemática que exige gerações de estudo; como consequência, as pirâmides e demais edificações eram alinhadas com maestria ao Sol e às estrelas. O sacerdote educado nessa tradição era, portanto, um xamã da arte e da magia.

Para que se formassem líderes religiosos como Imhotep, médicos e egiptólogos, como Axel Karenberg e C. Leitz, da Universidade de Colônia, na Alemanha, acreditam que "a fronteira entre a mágica e a medicina (...) não existia para os curandeiros do Egito Antigo". Esta talvez seja uma vantagem que a ciência médica moderna não preservou.

Maat

Além de usarem as mesmas cores da bandeira dos Estados Unidos, os egípcios também compartilhavam de outro símbolo americano: a Estátua da Liberdade; isso porque esta personifica, de uma outra forma, a Dama da Verdade que, com sua balança, julga os assuntos morais da nação à maneira de Anúbis. (Este, no dia do julgamento final, colocava o coração dos mortos em um dos lados de uma balança e, do outro lado, a pena de Maat. Se o peso do coração fosse igual ao da pena simbólica de Maat, seu dono poderia passar e desfrutar da felicidade plena; mas se os pesos fossem diferentes, o órgão era jogado para Ammit, o mortífero "Comedor de Corações", parte leão e parte crocodilo.)

O conceito de moral também provém do norte da África. "Não é de surpreender que o primeiro conceito de justiça de que se tem notícia no mundo tenha surgido no Egito. Para haver a justiça, é preciso que exista a noção de ordem, ou seja, uma crença na existência de regras que regem o comportamento. Essa noção de ordem permeia todos os aspectos da sociedade egípcia. (...) Quando os sistemas jurídicos ocidentais adotaram um símbolo para a justiça, este foi a balança dos egípcios" – tudo era pesado ou julgado tendo-se como escala a Verdade.[96]

O termo "religião" é uma criação do cristianismo tardio. Embora os egípcios não tivessem uma palavra para definir suas crenças, contavam com termos correspondentes às ideias de oração, sacerdócio e sacrifício. Esses conceitos serviram como fundamento para as leis e crenças do Antigo Testamento. De fato, essas crenças absorvidas pelo cristianismo têm sua raiz no Egito Antigo, comprova-o, por exemplo, a escolástica medieval. Antes da Contrarreforma, era preciso esperarmos o dia do julgamento final para termos o coração pesado antes que pudéssemos entrar no paraíso; não se ia para o céu ou para o inferno imediatamente. O inferno era retratado de forma semelhante: lá nos esperava, de boca aberta para nos engolir, a cabeça de uma serpente cuja representação inspirava-se nas figuras de Apep ou Ammit.

Maat, cuja pena era o bem que servia de escala para pesar o coração virtuoso, era a deusa da verdade e da boa conduta. É interessante observar que ela também representava a consciência. Todos os pensamentos de uma pessoa deveriam ser a deusa Maat ou, como diziam os egípcios, o ato de "pensar certo", isto é, deixar a deusa expressar-se por meio de si.

Alguém poderia questionar essa comparação, observando que a liberdade egípcia era limitada, pelo fato de que tudo (inclusive as pessoas) tecnicamente "pertencia" ao faraó, e que, portanto, a liberdade não era uma opção. Em resposta a isso, é preciso enfatizar que o faraó não tinha o poder de permitir ou não a crença, nem de promovê-la ou controlá-la, ainda que supostamente coubesse a ele fazê-lo; isso ficou provado quando Akhenaton proclamou suas ordens e poucos o ouviram. Quan-

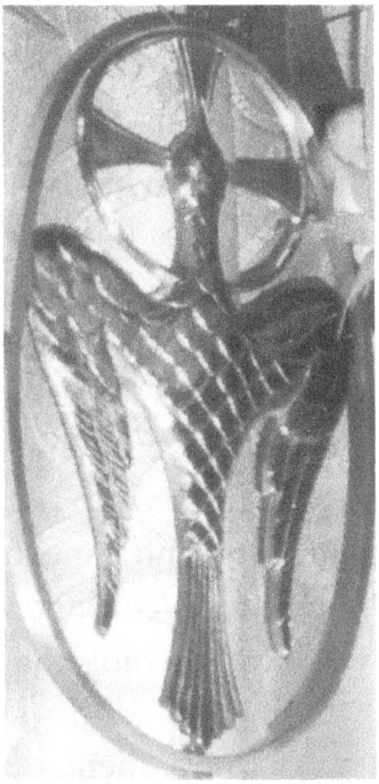

A representação cristã do Espírito Santo como uma pomba é talvez o exemplo mais óbvio e disseminado de um símbolo moderno que relaciona a divindade aos pássaros.

Nesta ilustração, Maat parece ter penetrado até mesmo na história de São Jorge e o dragão. Aqui, o santo usa um capacete ornado com penas ao estilo de Maat e segura a balança da igualdade de Maat; a figura é uma versão contemporânea da ligação dos pássaros com a divindade, à maneira da ave Benu, de ba, etc.

(Fotografia gentilmente cedida pela Igreja Católica de Nossa Senhora do Monte Virgem [Our Lady of Mount Virgin Church], 188 Mac Arthur Avenue, Garfield, NJ 07026) do ele desapareceu, todos os traços dele e de sua religião se apagaram. Refiro-me a Maat como um ideal: a deusa e não a força de implementação do ideal, a qual pode ou não obter sucesso. A definição apresentada mais acima é muito restrita. Se o faraó — seja homem ou mulher — fosse, teoricamente, a única fonte de liberdade, a qual estaria sobre seus cuidados, que sentido haveria na existência de deuses? Se, portanto, a liberdade não fosse uma possibilidade senão como proclamação de princípios, as pessoas não teriam a oportunidade de compreender o intangível. Contudo, se Maat é vista como a deusa do pensar certo por meio da consciência, os indivíduos só podem entrar no paraíso através da liberdade de pensar corretamente que ela consagra. Nesse caso, o pensar certo torna-se uma escolha psicológica e uma liberdade.

A importância dos pássaros naquela era (isto é, a pena de Maat e a sabedoria suprema de deuses e deusas como Thoth, a íbis) representava "a liberdade para entrar e sair", isto é, para atravessar mundos divinos, como no *Livro dos Mortos*. Esse mesmo princípio de Maat que relaciona o divino aos pássaros, mais uma vez, está presente no cristianismo até hoje.

NETRI

A palavra "Deus" vem do Egito Antigo: NṮR. NṮR era o senhor (ou senhora) do tempo e da morte e salvava as almas pelo dom da graça, como na *Bíblia* e na prática dos protestantes modernos e dos cristãos "renascidos".

Os nomes de deuses são os atributos das pessoas e dos deuses. O NṮR supremo — *neter* ou ideal de Deus — é não apenas o criador autocriado, mas também a qualidade de Maat que os deuses possuem e que é maior que os próprios deuses. Essa qualidade de Maat, essa consciência divina, é capaz de elevar todos igualmente ao nível de deuses.

Se usarmos essa definição de consciência pura ou energia essencial para entender "netri", perceberemos que certos versos como os que se seguem, retirados do *Livro dos Mortos*, evocam uma atmosfera mais oriental, como a do *Bhagavad Gita*, entre outros textos budistas. As passagens são citadas por Budge:

1. Menino *netri*, herdeiro da eternidade, que gerou e pariu a si mesmo.

2. Sou devoto de coração, sem insinceridade, a ti [que és de] *netri* mais que os deuses [aqui refere-se aos deuses como *neteru*].
3. Há de pronunciar-se este capítulo sobre uma coroa de *netrat*.
4. Tornei-me *neter*.
5. Alcei voo na forma de um gavião [de] *netri*.

Netri é a qualidade divina de Maat. Portanto, segundo Morenz, acredita-se que NṮR, o nome egípcio de Deus, vem do nitrato de potássio ou natrão, um sal natural usado no embalsamamento e que simbolizava a purificação e a renovação.
O nitrato de potássio (nitro) também aparece na Bíblia. (No trecho que se segue, tenha-se em mente que o vinagre faz a substância à qual se mistura borbulhar até derramar; há também, portanto, essa libertação ascendente associada ao nitrato de potássio.)

Provérbios 25: 20:
Mandar tirar a capa em dia frio,
jogar vinagre na soda,
cantar canções diante de um aflito, é
*tudo a mesma coisa.**

(Figura gentilmente cedida por Chantel Janae Shaw)

* A tradução deste trecho foi retirada de *A Bíblia, Tradução Ecumênica*, Ed. Loyola, 1995. Na tradução inglesa citada pela autora, em vez de "soda" lê-se "nitro" (*nitre*,

6. Tornei-me puro, tornei-me *neter*, tornei-me um espírito, tornei-me forte, tornei-me uma alma (*ba*).
7. Ele é *neter* com os deuses no [reino de] Neterkhertet.
8. Ele [transformará em] *netra* todo o seu corpo.
9. Eles fazem de *neter* vossa alma na casa de Sebut.
10. Ele faz de *neter* vossa alma como os deuses.
11. Deus *netri*, autocriado, matéria primordial.

No verso 4, NṮR parece referir-se à energia essencial da iluminação, aquele "silêncio de ouro" meditativo que todas as culturas estimam, sobretudo o zen-budismo.[97] Uma pessoa não precisa ser idêntica ao deus para ser estritamente divina ou para ser como um deus; isto é, não precisamos ser metaforicamente "criados à imagem de Deus", por assim dizer.

Se o conceito de *neter* está para além de deus, também conhecido como a energia essencial suprema, então cada parte do quebra-cabeça é essencial. Cada indivíduo deve "transformar em *netra* todo o seu corpo", e é isso que "faz de *neter* vossa alma como os deuses". Viver em retidão por meio de Maat significa ser "devoto de coração sem insinceridade (...) [a] *netri*". Desse modo, seremos capazes de alcançar "mais que os deuses".

Acredita-se que a raiz gramatical de NṮR ou *netri* como o comportamento divino supremo inspirado em Maat seja o natrão, um sal encontrado na natureza. O natrão era usado para a conservação do corpo humano, como parte do processo de mumificação. A raiz dessa substância é complexa mas importante, pois suas propriedades são comparáveis àquelas que se

---

em inglês), designação do nitrato de potássio que caiu em desuso na língua portuguesa, mas que é de uso corrente em inglês. (N. do T.)

espera encontrar no divino. O natrão é famoso sobretudo por representar a pureza, já que era utilizado para fabricar o sabão no Egito Antigo; também contém magnesita, e o magnetismo sempre atiçou a curiosidade dos seres humanos. Além das qualidades óbvias que possui, o magnésio, ao entrar em combustão, gera chamas brancas.

A magnetita é um minério de ferro, o que indica sua resistência. O magnésio, por sua vez, é usado na construção de estruturas metálicas leves. Portanto, a substância é natural e tem a capacidade de conservar, além de ser resistente, brilhante e pura — todas as características desejáveis de se ver em um deus.

☥

A consciência e a porta de São Pedro

A alma egípcia, embora possua inúmeras partes, compõe-se essencialmente de *ba*, *ka* e *akh* à hora da morte. Os *akhu* são as almas em forma de estrelas daqueles que já morreram; *ba* é a alma alada que ascende ao Campo dos Juncos e *ka* é conhecido como um dos infinitos mistérios do Egito Antigo.

O *ka* é uma das facetas da alma e pode ser caracterizado como um eu duplo, uma **consciência** viva que mora dentro de cada pessoa. O *ka* realiza os mesmos atos que o ser, porque *é efetivamente* o ser; mas pode pensar diferente e expressar uma opinião diferente à hora da morte. O *ka* fala por nós na próxima vida, mas vive conosco nesta vida. Ele conhece todos os nossos atos, de modo que, quando chegamos no outro mundo e conhecemos nosso criador, há alguém que intercede por nós perante os juízes na porta do paraíso se nosso comportamento moral tiver sido valoroso. Se porventura nos encontrarmos à porta do inferno, nossa esperança é que nosso *ka* interceda por nós.

Nesse caso, o *ka* diria: "Eu sei que "fulano" é uma boa pessoa porque ele (ou ela) seguiu Maat (a virtude)."

O *ka* de uma pessoa experimenta as emoções dessa pessoa e tem o nome dela. Nosso *ka* não existe sem nós, mas ele pode nos deixar se achar nossos atos repulsivos. Em alguns textos, como no encantamento 110, ter um *ka* é um privilégio e não um direito absoluto: "Homenagem a vós, possuidores de *kas*!"

O *ka* pode viver para sempre no paraíso, e a alma pode atravessar os mundos como *ba* (a alma alada celeste), com a permissão do *ka*. É preciso ter permissão para "entrar e sair", mas esta se conquista devido ao equilíbrio entre esses dois aspectos anímicos criados por Rá.

A alma é julgada pelo deus na presença de um tribunal. É interessante observar que a Enéada julgava no paraíso por meio de Maat. A Enéade consistia de nove anciãos que haviam se tornado deuses e era semelhante à Ogdôade, um grupo original de oito divindades. "Nove, aqui, representa três vezes três [a Trindade], um artifício gráfico de simbolização da ideia de pluralidade da pluralidade ou, em outras palavras, totalidade."[98] (Atum significa totalidade.) O tribunal que os egípcios enfrentavam ao morrerem consistia de 42 deuses, o que nos remete aos 24 anciãos do Apocalipse, pois o número 24 é o inverso de 42.[99]

Quando um egípcio morria, ele aparecia "no Salão da Dupla Verdade" (uma versão antiga da porta do paraíso cristão, onde se encontra São Pedro), "um tribunal presidido pelos deuses. (...) Lá ele tinha de apresentar os motivos pelos quais mereceria entrar no outro mundo. Se os juízes o julgassem digno, declaravam que ele fora 'de palavra verdadeira'. Em um segundo julgamento, seu coração seria posto em um dos pratos de uma balança, sendo que no outro prato se colocava uma pena, que era o símbolo hieroglífico da palavra egípcia Maat. Se os dois pratos da balança se equilibrassem e seu coração se revelasse tão leve quanto a pena, ou seja, livre de atos ímpios, ele então poderia prosseguir e entrar no reino dos mortos".[100]

Tanto no âmbito do cristianismo moderno quanto no dos sistemas religiosos egípcios, um indivíduo só passa pela "porta" metafórica que leva ao paraíso se o juiz, ou corpo de juízes, ali postado autorizar a entrada. A habilidade egípcia "de entrar e sair à luz do dia" pode ser reconhecida na seguinte passagem da *Bíblia*: "suas portas nunca se fecharão de dia/ — pois ali já não haverá noite. (...)"[101]

Aqui verificamos uma analogia direta com a porta do paraíso, guardada por São Pedro. Para os egípcios, o paraíso era Rosetjau, o Campo dos Juncos. Rosetjau, é claro, era associado ao Sol. No encantamento 80, lê-se: "Eu sou a mulher que ilumina a escuridão; eu vim para iluminar a escuridão e ela brilha" — uma mudança revigorante em relação ao patriarcado que vemos no Antigo Testamento. Vemos o inverso em João 1: 1, 3-5: "(...) o Verbo era Deus. (...) Tudo foi feito por meio dele. (...) O que foi feito nele era a vida (...) e a luz brilha nas trevas; mas as trevas não a apreenderam." Portanto, não há carência de fundamentos morais, segundo uma comparação cristã, entre a condução da consciência, ou *ka*, por Maat (ou a boa conduta) através da Porta onde ocorre o julgamento final ou até o Campo de Luz. As diferenças são unicamente de percepção e interpretação.

A conexão entre Jesus e Osíris

O cerne da comunhão é a realização pessoal pela renovação, e sua expressão mais clara é a ressurreição de um profeta sagrado. Da mesma forma que os cristãos celebram o Natal, os egípcios celebravam Osíris. Ambas as figuras, patriarcas perseguidos injustamente e que enfrentaram a morte pela glória da ressurreição, atraíram adoradores dedicados a reconstituir ou "reviver o drama" de seu martírio. Esse tipo de envolvimento, conhecido como a experiência e vivência de um "mistério" (um exemplo desse tipo de sacrifício é a *Via Crucis*), promove tanto o paternalismo quanto a teatralização, visto que fortalece um sistema freudiano de punição e compensação.

"(...) constata-se que a doutrina da vida eterna e ressurreição de um corpo glorificado ou transformado, fundada na antiga história de Osíris, que ressuscitou após morrer de forma cruel e sofrer terríveis mutilações infligidas pelas forças do mal, é a mesma em todas as épocas; e que as lendas dos mais remotos períodos foram aceitas e retransmitidas sem nenhuma alteração significativa e sem sofrerem acréscimo algum nos textos das dinastias posteriores".[102]

"Um elemento característico — a máscara — desenvolveu-se a partir do desejo comum dos adoradores de ver suas divindades representadas. Sabe-se que em períodos mais tardios [da história do Egito Antigo] os sacerdotes chegaram a usar máscaras para representar o papel de deuses."[103] Nos rituais africanos do candomblé, os participantes usam máscaras e representam o papel dos deuses (transformam-se espiritualmente neles ou agem como eles) para aproximarem-se destes. Sinais disso podem ser encontrados na encenação da *Via Crucis* pelos católicos, em que os fiéis "carregam a cruz", por assim dizer, pelo caminho que simboliza a jornada de Jesus Cristo. Com isso, os cristãos imaginam vestir a máscara de Jesus Cristo e caminham em direção à ressurreição; esta é uma representação de outro tipo: a "Paixão de Cristo", como é chamada.

Entre os dois evangelistas, há claras semelhanças. O filho divino desce do paraíso. Deus veio à Terra para guiar o mundo: "Eu sou Toth, o filho mais velho de Rá, feito por Atum. (...) Eu desci à Terra com os segredos daquilo 'que pertence ao horizonte'. (...)'"[104] Os aspectos de seu atributo divino são, de certo modo, deificados. Um exemplo cristão disso é a Sofia, ou a Sabedoria, da *Bíblia*; enquanto um exemplo egípcio é Toth — aspectos feminino e masculino de um mesmo princípio: "A Sabedoria apregoa fora,/nas praças levanta a voz."[105]

Jesus e Osíris, embora fossem homens justos, foram traídos por comensais (Jesus, por Judas e Osíris, por Tífon) em seu próprio banquete particular. Jesus contava então 33 anos e Osíris, 28 anos (esta segunda informação foi fornecida por Budge em seus comentários ao *Livro dos Mortos*).

Osíris e Ísis
(Foto extraída da p. 183 de *The Egyptian Book of the Dead*, traduzido para o inglês por Faulkner, © 1972, na edição de 1985, revista por C. Andrews; com a permissão da Editora da Universidade do Texas e da Editora do British Museum.)

O caixão de madeira foi o instrumento associado à sua morte e também lhes serviu de memorial. Após a morte, tanto o corpo de Cristo quanto o de Osíris foram envolvidos em um manto de linho, o de Cristo por Maria e o de Osíris por Ísis; ambos também foram ungidos em óleo e sepultados. As mortes dos Filhos do Homem ecoaram mundo afora pela manifestação de estranhos fenômenos naturais. Quando da morte de Jesus, um véu rasgou-se ao meio e o céu escureceu (ou ficou carregado de nuvens escuras): "tendo desaparecido o Sol, o véu do Santuário rasgou-se ao meio".[106] (Huxley observa que o véu parece ser um "símbolo vivo e, de algum modo, particularmente expressivo do mistério impenetrável do ser absoluto".[107])

O mesmo acontece na mitologia chinesa (cujas lendas corroboram ainda mais com a tese de George M. James). Quando da morte de Pan Ku, personagem chinês que equivale, em linhas gerais, a Jesus Cristo, "seu hálito se transformou em ventos e nuvens, e sua voz, em trovoadas; seu olho esquerdo se transformou no Sol e o direito, na Lua. (...) Pelo sacrifício de todo o seu corpo, Pan Ku (...) emprestou beleza e esplendor ao mundo recém-criado".[108]

Isso demonstra que a tradição egípcia desenvolve-se paralelamente à bíblica e culmina na *Bíblia*; pois após o assassinato de Osíris, Tífon, "caçando à luz do luar (...) esquartejou (...) o corpo (...) em quatorze pedaços". Os pedaços foram recolhidos por Ísis e, como resultado, houve uma série de batalhas entre o bem e o mal. "Ó filho de Nut, o mundo inteiro agradece quando tu ascendes ao trono de teu pai como Rá. Tu brilhas no horizonte, tu envias tua luz para penetrar na escuridão. (...) A gloriosa Ísis (...) vingou o irmão. Ela não descansou. (...) Ela fez vento com as asas."[109] A propósito, quando de sua morte, diz-se que Dionísio também se transformou "em ventos, água, terra, estrelas, plantas viventes e animais" e, na mesma linha dos outros exemplos, refere-se a ele como "o esquartejado", uma frase que remete sobretudo a Osíris.[110]

Jesus e Osíris ressuscitaram logo após a morte. Ao reassumirem sua forma humana, eles reafirmaram o valor da boa conduta e demonstraram na prática qual é a sua recompensa no outro mundo. Retornaram então ao paraíso, depois de terem "salvo o mundo".

A respeito de assunções e ascensões, é interessante observar que a noção transcendente de *ba*, que é exclusivamente egípcia, não era estranha aos chineses. Na mitologia chinesa, Jingwei é o pássaro-alma que escapou do perigo alçando voo (nesse caso, durante o Grande Dilúvio) em direção ao paraíso.[111] O cristianismo moderno também conserva uma crença semelhante sob

Os cristãos conservaram a Assunção como um traço remanescente do conceito de ba. *Conservou-se a noção da alma invisível, espiritual, que assume uma forma santa e ascende metaforicamente aos céus, como se tivesse asas.*

(Fotografia gentilmente cedida pela Igreja Católica de Nossa Senhora do Monte Virgem [Our Lady of Mount Virgin Church], 188 Mac Arthur Avenue, Garfield, NJ 07026)] a forma de assunções e ascensões, já que, para os cristãos, a alma pode transferir-se para um corpo sobrenatural que então ascende ao paraíso. Jesus, Pan Ku, Nu Wa, Maria, Reia (da mitologia grega) e Nut, todas essas figuras experimentaram esse tipo de transição após a morte.

Outra observação geral nessa mesma linha é a de que há um paralelo na religião chinesa antiga no que concerne aos contingentes de trabalhadores e soldados enterrados junto com estatuetas *shabti*. A finalidade dessas estatuetas era trabalhar no lugar da pessoa falecida se esta fosse chamada a realizar trabalhos braçais, ou então garantir sua ressurreição através do salvador específico de cada religião. Nesse contexto, outra analogia interessante, embora secundária, é aquela entre Pan Ku e o deus grego Atlas. Da mesma forma como Pan Ku carrega o céu com os pés na Terra, Atlas é retratado de pé sobre o céu, suportando o peso da Terra com os braços, o que demonstra que os dois deuses são inversamente análogos.

A conexão entre Maria e Ísis

O Filho de Deus vem ao mundo nascido de uma mulher pela união do humano e do divino. Tanto Osíris quanto Jesus tiveram um nascimento virginal e paraclético. Embora a "Imaculada Conceição" seja considerada uma ideia medieval, a premissa remonta, na verdade, à Antiguidade; "no templo funerário da rainha Hatshepsut em Deir el-Bahari, bem como numa das câmaras construídas por Amenhotep III no Templo de Luxor. (...) Deus é representado, sob a forma do faraó, aproximando-se da mulher que é então abençoada".[112] Segundo Y. B. Jochannen, há um registro da divina concepção antes da história greco-romana, no Templo de Seti I (1394-1279 a.C.) em Abidos.

O egiptólogo também afirma que há indícios em prol da tese de que Maria e Jesus eram de ascendência egípcia. Gostaria de enfatizar que não se trata, aqui, da cor da pele; segundo Ira Spar, um de meus professores na universidade, os egípcios retratavam todos os homens com pele vermelha e todas as mulheres com pele amarela. Se, portanto, eles não estavam pre-

A divina Providência aparece tanto na religião católica romana quanto no Egito Antigo, por exemplo, quando um paráclito anuncia que o filho divino nascerá de uma virgem.

(Fotografia gentilmente cedida pela Igreja Católica de Nossa Senhora do Monte Virgem [Our Lady of Mount Virgin Church], 188 Mac Arthur Avenue, Garfield, NJ 07026)] ocupados com a cor da pele, por que então nós deveríamos nos preocupar com isso? Com certeza havia todos os tipos de cores naquele ambiente, pois já vi fotografias de uma múmia de cabelo ruivo, possivelmente de origem europeia (acredita-se que seja de Ramsés II [1279-1213 a.C.]), bem como muitos indícios que apontam para uma origem puramente africana. De todo modo, Y. B. Jochannen sugere que Jesus nasceu em uma caverna na Etiópia — antes de os coptas, durante o governo do imperador Constantino, modificarem a cena e criarem a ideia da manjedoura em Belém. O estudioso afirma que a Virgem Negra, um símbolo do catolicismo romano fundamental até hoje, transferiu-se para a Grécia como o "culto hercúleo a Ísis".

Há outras descobertas que corroboram com esses fatos, mas que são mais recentes. *Bel e o Dragão*, um livro católico apócrifo, foi redigido no século II a.C. e parece ter sido usado como material de referência para a *Bíblia*, mais especificamente para o livro do Apocalipse. As origens antigas de *Bel e o Dragão* como parte dos apócrifos cristãos são historicamente reconhecidas; "o autor ridiculariza, à maneira típica da literatura judaica dos primeiros tempos, os dois personagens principais do mito babilônico da criação, o *Enuma Elish*, Bel (Baal) ou Marduk, e Tiamat, uma serpente ou criatura marinha monstruosa cujo assassinato por Marduk simboliza o ato fundamental da criação".[113] As nações antigas do norte da África e do Oriente Médio criaram vários dogmas; os egípcios adoravam o Sol, os babilônios adoravam a Lua, e os assírios, por sua vez, cultuavam os répteis. Esses temas se uniram nos conceitos de Maria e Ísis, onde o atributo feminino, associado ao dragão Tiamat, é glorificado e torna-se intercambiável; "um grande dragão (...) os babilônios reverenciavam. (...)"[114] Assim, é mais do que lógico (e não apenas do ponto de vista bíblico, como o mostram os dois versos que se seguem) que Ísis e Maria sejam associadas a espécies de répteis.

"Pretendo descrever sua aparência divina. (...) [Ela trajava] um vestido (...) que caía muito sutilmente em múltiplas pregas. (...) Em toda a sua extensão, até a extremidade, estrelas cintilavam, e no meio delas resplandecia como fogo a Lua cheia. (...) Suas vestes eram do mais fino linho e exibiam as mais diversas cores; aqui eram de um branco vivo, ali, amarelas como a flor do croco e alhures, vermelhas como a rosa ou da cor do fogo. (...) Em volta de toda a extensão daquele véu admirável exibia-se uma guirlanda. (...) Uma áspide, a grande boca aberta, erguia a cabeça. 'Sou a mãe natural de todas as coisas, senhora e ama de todos os elementos, a primeira progênita dos mundos, chefe dos poderes divinos, rainha de todos. (...) a mãe dos deuses. (...) Chama-me por meu verdadeiro nome, a rainha Ísis.'"[115]
"Um sinal grandioso apareceu no céu: uma Mulher vestida com o Sol, tendo a Lua sob os pés e sobre a cabeça uma coroa de doze estrelas; [A Lua quase sempre esteve associada a uma mulher, nas mais variadas culturas.] estava grávida e gritava, entre as dores do parto, atormentada para dar à luz. Apareceu então outro sinal no céu: um grande Dragão, cor de fogo...".[156]

Ambas essas mulheres conceberam em virgindade, realizaram as mesmas tarefas quando da morte do filho e foram representadas dramaticamente como répteis.[117] Conforme já mencionei, pode-se afirmar com certeza que é egípcia a origem da ideia de *heka* ou *heqa* e da importância das cobras e dos répteis em geral para a religião.

Tiamat

Tiamat, que, como Ísis, Akhet ou Nut, muitas vezes é identificada com a mãe universal, também era uma deusa aquariana da Babilônia. Na sua versão egípcia, a deusa, em festas como a Cerimônia da Nau de Três mastros, enviava os deuses em segurança pelas águas do Nilo para adoração pública. Ela pode ser associada ao renascimento e ao batismo porque Akhet, sob a forma de Nut, mantinha a humanidade na abóbada celeste. Após a morte, os espíritos celestes renasciam como estrelas (*akhu*). Tiamat era uma deusa feminina do mar, e a terminação de seu nome talvez esteja associada a Maat (a deusa egípcia da perfeição) ou seja uma alteração desse nome.

"A mulher-monstro Tiamat, que, na **mitologia babilônica dos primeiros tempos**, engole o deus-Sol Marduk (mas a quem este depois afirma ter matado com sua espada) **foi apresentada pelo autor do Livro de Jonas** como símbolo do poder da cidade do mal (...) que engoliu e depois expeliu os judeus de seu ventre. Esse ícone é bem conhecido no leste do Mediterrâneo e sobreviveu na arte órfica, onde **representava um rito de iniciação: o iniciado era engolido pela mãe universal — o monstro marinho — e renascia como encarnação do deus-Sol.** [Negritos meus.] (Em um certo vaso grego, a figura, semelhante à de Jonas, recebe o nome de Jasão, porque a história de sua viagem a bordo do Argo havia sido, àquela época, vinculada aos signos do zodíaco, em torno dos quais o Sol faz sua viagem anual.)"[118]

Segundo a Fundação de Estudos Bíblicos (Biblical Studies Foundation), o Livro de Jonas foi escrito aproximadamente entre 793 e 753 a.C.[119] No mesmo site, afirma-se que os indícios "externos" (presumo que isso queira dizer "arqueológicos") desse fato são "tardios" e remontam ao segundo ou terceiro século a.C. Com base nisso e na informação acima, claro está que o percurso da disseminação religiosa no exemplo citado é o seguinte: Egito e Babilônia, através do Oriente Médio, e depois o Mediterrâneo e as regiões adjacentes da Europa, inclusive a Grécia.

Daí também se pode afirmar, sem sombra de dúvida, que a metáfora do cristão renascido, tida como uma criação moderna, não o é de modo algum. A deusa Tia-Maat, nome pelo qual gosto de tratá-la, era um "ícone (...) bem conhecido (...) [que] representava um rito de iniciação: o iniciado era engolido pelo [genitor] universal (...) e renascia como encarnação do deus Sol". Note-se também que, mesmo nessa versão babilônico-mediterrânea, permanece a referência ao absoluto, isto é, ao **deus-Sol**. (Mais egípcio que Rá impossível.) Essa visão, além disso, é mais abrangente, posto que são necessários tanto um ser feminino quanto um ser masculino, ao contrário do que ocorre na visão protestante moderna.

Como afirma Morenz, "esses deuses masculinos e femininos [a Ogdóade] 'deram à luz o deus Sol'".[120] Portanto, não poderia haver deuses sem a união do masculino e do feminino em seu sentido mais amplo, incluindo-se o sentido do Ser universal da dualidade de um compósito. "A doutrina da harmonia, definida como a união dos opostos (...) foi copiada pelos gregos e usada [por estes] em seus ensinamentos (...)".[121]

> O expressivo (...) sistema do Egito Antigo (...) encontro[ou] uso religioso (...) no mais antigo documento numérico de que se tem notícia no vale do Nilo, que é também a primeira manifestação de qualquer tipo de sofisticação neste planeta. (...) Como seria de esperar em um sistema tão fundado no simbolismo religioso e permeado por este, seus sinais e números tinham muitas outras funções além da de contagem (...).
>
> As propriedades do Número incluem elementos opostos: par e ímpar, finito e infinito, positivo e negativo. Esse princípio dos opostos foi copiado por Heráclito, Parmênides, Demócrito, Sócrates, Platão e Aristóteles, que o usaram em seus ensinamentos. (...) O Número possui elementos opostos e o princípio dos opostos pertence ao sistema (...) egípcio, no qual era representado pelos deuses masculinos e femininos. Sendo a harmonia uma combinação de opostos, dispensam-se comentários ulteriores.[122]

Akhenaton

Embora seja comum atribuir-se ao faraó Akhenaton (1350-1334 a.C.) a introdução do monoteísmo no Egito, os conceitos já eram inerentes à cultura egípcia. A revolução de Akhenaton, semelhante àquela instituída pela Reforma Protestante, inicia-se com a ênfase no aspecto pessoal do relacionamento com Deus. Deus era o tempo, a vida e a morte, e Ele-Ela salvaria as almas por meio da graça, como está dito na *Bíblia* e conforme creem os cristãos renascidos de hoje e os protestantes. O faraó Akhenaton trouxe à tona esse aspecto do Jesus pessoal.

Segundo se crê hoje, Akhenaton era um homem esguio, de mais ou menos 35 ou 40 anos de idade, e seus retratos deram ensejo à tese de que ele pode ter contraído a Síndrome de Marfan; seja por que motivo for, alguns de seus parentes retratados na arte do período possuíam uma aparência incomum: tinham a cabeça alongada (o que de resto não é característico da Síndrome de Marfan). As pessoas acometidas por esse mal apresentam a face e os dedos das mãos e dos pés alongados. Além disso, "são caolhos, (...) têm a espinha dorsal curva (...) e a costela deformada".[123] Wees observa que "Brier (...) tomou emprestada essa ideia de um de seus alunos da Universidade de Toronto. (...) Há estudiosos, entre os quais me incluo, que consideram essas representações como puramente artísticas, como uma tentativa de unificar o masculino e o feminino na figura do rei, como o deus do Nilo, Hapi, e indica a fecundidade das Duas Terras".[124]

A ideia do julgamento final provém, em última instância, de Amon-Rá (origem da palavra "amém"), que passou a ser identificado a Aton durante o reinado de Akhenaton (Tutmósis IV). É comum atribuir-se a Akhenaton a introdução do monoteísmo no mundo. Todavia, os conceitos inerentes ao monoteísmo já estavam presentes na cultura egípcia e encontravam-se unidos de uma forma que, ademais, é análoga à trindade cristã, à imaculada concepção, etc.

(Fotografia gentilmente cedida por Gerard M. Foley, Columbus, Ohio – gfoley@columbus.rr.com. O original do objeto retratado se encontra no Museu de Luxor, na cidade de Luxor, Egito.]

Seja como for, não parece que a Síndrome de Marfan seja, por si só, justificativa suficiente para explicar o esforço em torno da androginia. Não há tampouco nenhum daqueles efeitos exagerados característicos que as pessoas acometidas pela doença apresentam, o que portanto a elimina como uma das causas da unificação dos sexos presente na arte do período. Se fosse verdade que Akhenaton possuía uma doença ou um problema genético que alterava sua aparência e a tornava incomum, por que ele "autorizaria os escultores da corte a mostrarem suas características físicas? (...) Por mais de mil anos os faraós haviam sido retratados como pessoas jovens, musculosas e perfeitas, qualquer que fosse sua aparência". Para Brier, pode ser que a intenção de Akhenaton fosse defender as pessoas portadoras da Síndrome de Marfan, indicando que elas eram "tão dignas quanto qualquer outra pessoa". Embora esta seja uma possibilidade, isso não explica por que faraós acometidos por outros problemas — como o da obesidade, de resto tão comum — não consideraram necessário ou aceitável, em nenhuma outra época, retratar tão realisticamente sua condição física; e certamente isso teria sido mais facilmente aceito. "Akhenaton poderia ter-se atido ao estilo tradicional de arte, optando por ser retratado como uma pessoa esbelta e de bela musculatura a exemplo daqueles que o precederam. Mas optou por não fazê-lo e foi seguido por toda a família real. Por quê? Creio que a resposta esteja na esfera psicológica."[125] É bastante lógico que, se a intenção de Akhenaton de fato fosse transmitir uma mensagem psicológica, esta então teria de ir além da simples alteração da aparência física de sua família, se o faraó desejasse mesmo que essa mensagem fosse expressa universalmente.

As mãos de Aton levam ankhs *de vida a todos aqueles sobre quem seus raios brilham – outra metáfora ou expressão relacionada a "Rá" (raio).*

O que se vê na representação figurativa de Akhenaton exibida neste capítulo é seu lado menos severo. Visualmente falando, é como se seu rosto se derretesse ou escorresse escultura abaixo; as linhas duras dos períodos anteriores dão lugar a curvas exageradas e, no caso do busto de Nefertiti, é visível a busca por um resultado realista e gracioso. Aqui, portanto, a diferença mais visível é que o rigor se esvanece e a emotividade se sobressai. Isso também é perceptível porque a escultura retrata Akhenaton claramente sorrindo, ainda que de maneira afetada; claro está que o faraó parece feliz, até certo ponto. A posição de seus olhos reflete tranquilidade. Ele parece gentil, em vez de distante; e está confiante porque é o Aton vivo. A figura de Akhenaton com sua família, exibida nesta página, também revela uma ternura e um amor inegáveis.

O exagero das formas também pode significar idealização. Sobrancelhas maiores, por exemplo, podem indicar mais profundidade de pensamento e mais força. Segundo essa definição, os traços exagerados representariam, acima de tudo, uma extensão do mundo das formas, de origem egípcia e platônica; e tornariam as ênfases mais importantes e necessariamente evidentes. Daí se seguiria, se isso for verdade, que as diferenças do faraó seriam mais pronunciadas. Akhenaton era o Aton vivo. Sua esposa, que não chegava a ser Aton mas era Nefer (bela), teria traços de uma fluidez menos emotiva. Assim, Akhenaton encontra-se no meio do caminho entre emoção e tradição, masculino e feminino, e entre os deuses antigos e os novos.

Portanto, também pode ser que Akhenaton estivesse interessado em trazer para o primeiro plano a doutrina de Hórus e Ísis, no âmbito da qual os deuses poderiam ser mencionados dentro do contexto do culto às deusas. Há indícios linguísticos em favor dessa tese (além daqueles de cunho artístico) nas teorias de Edo Nyland que se seguem. Amon-Rá não era mais o globo solar circular e estático que até então havia sido; Amon-Rá, tal como era retratado figurativamente, tinha as mãos e os braços estendidos até o povo e dava-lhes *ankhs** e flores de lótus. Isso denota, mais uma vez, o aspecto de Rá como Jesus pessoal e explica de maneira mais eficaz por que as crenças de Akhenaton não eram universalmente aceitas, sobretudo à luz das mudanças de caráter público que tem relação com a androginia. As explicações anteriores parecem um tanto ineficazes no que diz respeito à magnitude real do movimento.

Outro propósito possível dessas transições teria sido o de glorificar Nefertiti e promovê-la ao nível de faraó aos olhos do povo. Assim, o objetivo de Akhenaton teria sido comparar-se, juntamente (em termos gerais) com Nefertiti, sobretudo visualmente, à massa de pessoas comuns geralmente analfabetas; promovendo-se, assim, o direito faraônico dela. Tudo era ques-

* Espécie de cruz que, no Egito Antigo, simbolizava a vida. Também conhecida como "cruz ansata". (N. do T.)

tionado: não apenas os deuses, mas também a importância religiosa, oficial e tradicional da arte, da estética e dos objetos.

Mas, de acordo com Nicholas Reeves (atual curador do departamento de arte egípcia do Myers Museum da Eton College, e diretor da Valley of the Kings Foundation), "Os objetos menores, não oficiais (...) [pertencentes às pessoas comuns] contam a verdadeira história de Amarna. Por exemplo, se olharmos esse escaravelho sagrado do rei Amenhotep III [exposto no Museu do Cairo] encontrado em Amarna, veremos que o nome Amon foi removido de um modo que só podemos supor ser uma forma temerosa de autocensura. Obviamente que não era aconselhável ser descoberto em posse de objetos que carregassem o nome do deus odiado, Amon. [Essa remoção] claramente não foi realizada por um agente a serviço de Akhenaton, pois a peça, embora tenha sido fabricada com autorização oficial, era, em última instância (...) de propriedade de um indivíduo. Isso nos revela a verdadeira atmosfera de então em Tel Amarna, a qual, em minha opinião, era de medo".[126] Essa teoria não é coerente nem com o Hino a Aton e as alterações linguísticas a este relacionadas (que discutiremos em breve), nem com a arte do Período de Amarna. Isso nos conduz à possibilidade da existência de dois lados opostos: um Neferneferuaton amoroso, ao qual se oporia um "severo" impositor da ira de Deus. De qual desses lados Akhenaton de fato estava?

Se Akhenaton mudou a tendência do geral para o pessoal, isto é, "para o grande Aton vivente, (...) meu Pai", então o foco seria direto e não se dividiria entre os deuses.[127] Nesse mesmo "sermão", Akhenaton também se refere a Aton como Ptah, como "aquele que é/ eu sou" da *Bíblia*, aquele "que nenhum demiurgo vislumbrara". Assim sendo, o deus torna-se abstrato; de fato, "a substituição dos deuses visuais por um conceito abstrato foi talvez a mais fundamental das mudanças instituídas por Akhenaton".[128] Aqui, mais uma vez, teríamos uma razão para que o símbolo visual de Akhenaton como o Aton vivo se sobressaísse; ele era a representação visual de um deus sem rosto ou, de um ponto de vista hermenêutico, de um deus cuja face é o Sol.

Os egípcios eram o "povo escolhido (...)". Porém, como "Aton era o deus de todos os povos, então os egípcios não eram mais superiores", e isso teria resultado na "primeira revolução religiosa de que se tem registro na história. (...)"[129] O consenso entre os historiadores é de que "Akhenaton provavelmente foi assassinado e todos os traços dele, apagados".[130] Há uma nova tese, segundo a qual o faraó pode ter tentado criar uma utopia original e, de certo modo, sem limites, quaisquer que tenham sido as circunstâncias de seu falecimento. (Desde a publicação do livro de Brier, provou-se que a causa da morte de Tutancâmon não foi um golpe violento na cabeça; da mesma forma, o rigor de outras constatações históricas a respeito da morte dos monarcas do Período de Amarna pode acabar sendo posto à prova.)

Recentemente, um autor de nome Edo Nyland publicou um livro chamado *Linguistic Archaeology*. Embora eu não apoie todas as teses dele, uma delas é particularmente interessante. A premissa essencial de Nyland, e em torno da qual gira o trabalho de toda a sua vida, reduz-se ao fato de que ele afirma ter encontrado nomes de faraós, e outras palavras relacionadas, na língua basca/ saárica; que, segundo ele, ainda existe na Espanha. Supondo-se que isso seja verdade, a explicação é a seguinte.

Todos os nomes de divindades e faraós aglutinam-se em torno de uma fórmula através do uso da "Língua Secreta" (assim nomeada na última linha do texto demótico da Pedra de Roseta). Esta é uma língua inventada e que data da Idade do Bronze. Todas as palavras que a compõem iniciam-se pela série vogal-consoante-vogal (VCV) e são entrefechadas pelas mesmas vogais, isto é, as vogais de cada lado do hífen são iguais. O mais impressionante é que essa língua ainda é parte do dialeto basco e pode ser encontrada no moderno dicionário de Basco-Inglês de Gorka Aulestia (Universidade de Nevada, 1989). Com algumas exceções (devido a erros de transliteração), os nomes de faraós [entre outros nomes] podem ser traduzidos de forma confiável. (...) YHWH, [por exemplo] vem da palavra *Ihawalih* (*ihabali*, em basco), que significa "que deve ser temido" ou "aterrorizante". *God** ou *Gott* vem da palavra basca/saárica *gotor*, que significa "forte, vigoroso, imperativo." (...) [Porém] o equivalente egípcio [original], NṮR ou (...) Neter, vem de "Nator", [desvinculado do patriarcado e] expresso em VCV-VCV-VCV, e em basco/saárico [como] *na-ato-or*, *ana-ato-ora*, *anaitu-ator-oroegile*, [ou] unir-vir-Criador; "O Criador veio para nos unir" [mais uma vez, expressando-se dualidade e unidade simultaneamente]. Trata-se, aqui, da mais antiga língua gramaticalmente organizada de que se tem notícia.

O que torna pertinente a sua teoria são essas traduções. É interessante observar que ele remonta a Amon a característi-

* Neste caso, optou-se por não traduzir a palavra *God* ("Deus", em inglês). (N. do T.)

ca dualidade egípcia do masculino e do feminino, quando diz que Amon-Rá (figura masculina) "é necessariamente uma deusa" (figura feminina). Segundo sua interpretação, Rá significa "puro", o que também é interessante porque N<u>T</u>R, a palavra que designa Deus, vem da mesma raiz que as palavras natrão e nitro, as quais designam um sal encontrado na natureza, empregado na fabricação do sabão e que tem como uma de suas funções a purificação. Logo, mais uma vez, segundo a definição de Nyland, N<u>T</u>R e Rá seriam a mesma coisa. Outro fato interessante é que ele define "Min" como "dor"; e, como Min representa o Espírito Santo no cristianismo, é interessante que "Min" signifique "com dor"; é uma lamentação espiritual, por assim dizer.

Entretanto, o que torna as observações de Nyland surpreendentemente pertinentes em relação ao assunto aqui tratado é sua tradução de Akhenaton como "A Grande Deusa, meu refúgio". À luz da constatação — em prol da qual apresento fortes argumentos — de que o Período de Amarna é "o período da unificação" no que concerne à introdução da dualidade como norma nas expressões e nos retratos artísticos da época, a definição de fato faz sentido. Devo admitir que Akhenaton faz a referência "meu Pai" no Hino a Aton. Mas talvez isso seja uma questão de tradução ou, novamente, da referida Duplicidade, caso em que a palavra tanto poderia ser masculina quanto feminina. Em alguns textos bíblicos, como os *Cânticos de Salomão*, apresenta-se essa tendência: "o Espírito Santo abriu a roupa do Pai e misturou o leite dos dois seios do Pai".[131] Outro exemplo é o *Livro dos Mortos*, em que Aton, no início, é Rá-Harakhté/Rá-Hórus: "Hórus (...) tornou-se o príncipe do Egito, os deuses trabalham para ele, ele alimentou miríades e cuidou de miríades por meio do Olho Único, a Senhora das Enéadas, a Dama de Todos".[132]

Também tem sentido que as pessoas de quem Akhenaton era parente, seja por consanguinidade, seja pelo casamento, tivessem nomes congruentes, como o demonstra Nyland; Nefertiti, "reforma do patriarcado amaldiçoado e descoberta da fidelidade" e Tutancâmon, "não há sentido em destituir o clero da Grande Deusa. (...)" Essas traduções levantam ainda outras questões sobre o Período de Amarna e o movimento de unificação, questões que podemos explorar mais a fundo se examinarmos em profundidade aquilo que sabemos sobre os reinados de Akhenaton, Nefertiti, entre outros faraós do período.

Amenhotep III e "Smenkhara"

Acredita-se que, no início de seu reinado, Akhenaton tinha como corregente seu predecessor, Amenhotep III (1382-1344 a.C.). Antes da correta datação da múmia de Akhenaton, acreditava-se que o motivo da corregência era sua idade insuficiente, o que indicava que o faraó teria morrido com 25 ou, no máximo, 30 anos de idade. Entretanto, hoje se sabe que Akhenaton na verdade tinha entre 35 e 40 anos de idade quando morreu. Diante disso, constata-se que a regência, que se prolongou pelos primeiros vinte anos de seu reinado, teria servido unicamente a um propósito "trinitarista", o qual expressaria a tradicional necessidade por trindades (uma divindade potencialmente impopular pode tornar-se aceitável se for associada a um absoluto testado e aprovado). Além disso, existem autores que defendem a tese de que seu "irmão", Smenkhara, também teria governado como corregente.[133]

A questão passa a ser, então, por que Akhenaton sozinho não seria prontamente aceito? Há, em tese, duas respostas possíveis a essa questão: inadequação da linhagem divina, ou terá

Nefertiti reinado a seu lado por doze anos? Será que diferenças substanciais desse tipo existiam na época de seu reinado, a ponto de ele precisar de "suporte"? Uma vez que Akhenaton era descendente direto de Tiy, rainha legítima, a segunda alternativa é a mais provável.

O estudo dos retratos da esposa do faraó nos fornece fortes indícios dessa mudança. Na "nova religião de Akhenaton (...) somente o rei e seus familiares mais próximos tinham acesso direto ao deus. Somente por meio deles é que o homem e a mulher comuns poderiam adorar a divindade".[134] Isso parece suspeitosamente semelhante ao princípio protestante e bíblico segundo o qual "há um só mediador/entre deus e os homens,/ (...) [a saber,] Cristo Jesus".[135]

Aton, portanto, "representava uma mudança drástica; (...) um camponês diria, 'isso é loucura'. Um sacerdote [talvez dissesse], 'Eu vou matá-lo (...).' Toda a nação era contra esse homem, mas ele, Akhenaton, era apoiado por uma poderosa dama: Nefertiti".[136] Esta mantinha unido o reino desde que o deus mudara, tornando-se um Uno unissexual e abstrato.

Amon-Aton revelava-se mais aceitável para os fiéis "em doses homeopáticas" e não todo de uma vez — justamente o contrário do que acontece hoje. É irônico que então as pessoas protestassem radicalmente contra a transformação de uma pluralidade de deuses em um único deus, enquanto hoje muitos protestariam se seu deus fosse transformado em uma pluralidade de deuses.

Nefertiti

Nefertiti (1336-1334 a.C.) é certamente uma das maiores matriarcas do Egito. Sua estatueta *shabti* intriga os estudiosos porque a retrata com o cajado e o mangual reais, o que era direito dos reis, mas não com as vestes reais (à maneira adotada por Hatshepsut durante seu reinado). Nefertiti, entretanto, chegou a ser representada usando chifres de carneiro na cabeça, o que não era usual.[137] "Podemos vê-la usando sobre a cabeça adornos que apenas os faraós usavam, e a vemos fazendo coisas que só os faraós faziam. (...) Evidentemente, ela era (...) a mais poderosa dama do Egito Antigo, porque assumiu um papel que era vinculado apenas aos reis: [ela] é mostrada golpeando um inimigo".[138] Portanto, ela pode muito bem ter reivindicado o papel tipicamente masculino que Hatshepsut usurpara (no que diz respeito ao uso da cauda de touro e da barba cerimonial, tradicionalmente adotado pelos homens), mas tentou feminilizá-lo.

Não obstante as teses sobre sua corregência aparecerem de tempos em tempos, até recentemente se pensava que Nefertiti não poderia ter sido corregente, porque é "inconcebível que um governante ungido e consagrado, dono de um nome e de um sobrenome que lhe são próprios, bem como do título de rei, não tenha conservado essas honras após a morte e o sepultamento."[139] Entretanto, como observa J. Wees, "quanto ao fato de Nefertiti ter perdido seus títulos após a morte, o Período de Amarna era uma época odiada, e muitos esforços foram despendidos pelos egípcios para apagar esses títulos de sua memória. De fato, estes foram apagados até mesmo das listas dos reis naturais do Egito." Seja como for, será que uma esposa e rainha leal, dotada do título de monarca, sabendo que seu esposo "divino" encontrava dificuldades para ascender ao trono, tentaria arruinar aquilo que ela despendera mais de 12 anos buscando alcançar?

Há também a ideia coevolutiva de que Nefertiti, como Hatshepsut, governou de forma independente. Já se sugeriu que ela tenha reinado sob o disfarce de Smenkhara. Se Akhenaton permitisse que a esposa governasse sozinha ou a seu lado, ou ainda sob o disfarce de um pseudônimo masculino, não haveria ameaça alguma ao trono. Segundo J. Wees, "há uma escola de pensamento para a qual Nefertiti era, na verdade, Smenkhara e que governava em honra de Akhenaton. Assim, ela desaparece dos registros porque tinha novos nomes reais e governou ao lado do marido até a morte deste".

Ao que parece, tanto Nefertiti quanto Akhenaton tinham essa "dupla identidade" que possibilitava a troca de papéis em um nível psicológico totalmente inédito. Se Nefertiti acreditava piamente em Akhenaton (ela era, na pior das hipóteses, leal às ideias deste), então uma demonstração de dominância monárquica teria sido uma afirmação do direito do marido tanto à teoria quanto ao trono: um deus, um líder e um nível de autoridade uniforme. Temos aqui provas consideráveis da uniformidade de Aton, do caráter assexuado dos retratos religiosos e da disseminação dessas ideias por toda a língua. Como disse Nietzsche, "se a personalidade, uma única vez que seja, esvazia-se de sua subjetividade e alcança aquilo que se costuma chamar de condição 'objetiva', nada mais pode afetá-la de nenhum modo"; em outras palavras, os egípcios conheciam o sentido correto da condição de Deus.

Nefertiti

(Fotografia gentilmente cedida por Allan T. Kohl, Escola de Arte e Design de Mineápolis [Minneapolis College of Art and Design]/ Art Images for College Teaching.)

Zennanza

Aparentemente, após a morte de Akhenaton, Nefertiti tentou desposar Zennanza, filho do rei hitita Supiluliumas. Para alguns estudiosos, esse ato representa uma traição da parte de Nefertiti e foi a razão de Zennanza ter sido assassinado quando se encontrava a caminho do Egito para o casamento; o povo, no entanto, continuou leal a Nefertiti mesmo após esse acontecimento e suas imagens se conservaram até muito tempo depois de sua morte. Ao que parece, não era a aquisição de um marido que representava traição, mas o fato de este não ser egípcio; é por isso que ele foi morto, e antes mesmo de pôr os pés no solo do Egito, a terra escolhida. De início acreditava-se que Ankhesenamun, viúva de Tutancâmon (1334-1325 a.C.), filho de Akhenaton, é quem teria procurado desposar Zennanza. Todavia, o consenso em torno desse fato está mudando e as conclusões mais recentes são de que era Nefertiti, não Ankhesenamum, quem procurava um novo marido.[140]

De acordo com a *Columbia Encyclopedia on-line*, os emissários de Supiluliumas tentaram, na clandestinidade, tomar o reino de Akhenaton, que se encontrava enfraquecido. Eles conseguiram assumir o controle da Palestina sem enfrentar resistência alguma. Em uma carta parafraseada de Nefertiti a Supiluliumas, na qual pedia para casar com um de seus filhos, a rainha menciona a morte do marido e afirma estar com bastante medo. Nefertiti talvez temesse as facções que mataram o marido e que matariam o futuro pretendente.

Se os reis hititas tomaram a Palestina durante o reinado de Akhenaton sem sofrerem nenhuma resistência, Nefertiti talvez supusesse que, casando-se com Zennanza, garantiria apoio político em um ambiente ameaçador e subversivo — o destino, no entanto, determinou que isso não aconteceria. A tradução de Edo Nyland para a palavra Zennanza corrobora com essas teses. Eu lhe pedi que traduzisse a palavra, ao que ele, sem conhecer a história egípcia aqui relatada, forneceu-me o seguinte significado: "irmão religioso muito famoso e destemido"; o que faz pleno sentido, visto que ele empreendeu uma corajosa jornada para casar-se com a rainha e acabou por se tornar um mártir.

Em parte, o que empreendemos aqui é um esforço por descobrir o maior número possível de fatos sobre Akhenaton, Nefertiti e o Período de Amarna. Afirma-se, portanto, que Nefertiti realmente promoveu mudanças no início de seu reinado.

A partir do momento em que passou a reinar sozinha, ela reinstituiu os antigos deuses, ganhando assim a simpatia do povo.[141] Ao que parece, ela "fingiu concordar" com as ideias de Akhenaton enquanto governava como rainha, mas, ao tornar-se faraó, escolheu vários deuses e os reinstituiu. A prova disso está no próprio nome do filho de Akhenaton. Quando Nefertiti estava com "Ahky", o nome dela era Neferneferaton. Depois, o rei

Tut (o filho) tornou-se Tutancâmon, que é como o conhecemos hoje, e Nefertiti recuperou o antigo nome.

No Período de Amarna, a descendência estabelecia-se por linhagem materna. "Na 18ª Dinastia, a linha de descendência provinha do filho mais velho de um rei com uma Rainha Divina que descendesse de Ahmés-Nefertari, esposa do rei Ahmés (1539-1514 a.C.), fundador da dinastia."[142] Assim, os antigos deuses foram reinstituídos e procurou-se garantir que as mulheres continuassem desempenhando um papel importante na política.

Um novo clero foi nomeado quando da ascensão ao trono do pretenso filho de Nefertiti, Tutancâmon. Pode ser que as facções rebeldes tivessem se infiltrado no antigo clero e, consequentemente, na esfera política. Como quer que tenha sido, Nefertiti usou sua posição política para fomentar claras mudanças dentro do sistema, como o fizeram Hatshepsut e aquelas que a precederam.

As mulheres como faraós

Durante seu reinado, Nefertiti conseguiu realizar algumas mudanças radicais e, ao mesmo tempo, conservar a simpatia de todos; ou seja, as mulheres egípcias do Período de Amarna tinham mais poder que as de outras culturas. Embora não fosse tarefa simples alçar-se a uma posição de destaque, era fácil manter tal posição depois que se a alcançasse. Demonstram-no sobretudo os exemplos desse período da história egípcia, quais sejam, Tausret (1194-1186 a.C.), Hatshepsut, a rainha Tyi e Nefertiti. De acordo com a lista de reis e dinastias de Maneto, são exemplos, em períodos anteriores, Merneit (mãe de Narmer), que reinou na 1ª Dinastia, e Sobekneferu, na 12ª Dinastia. Edo Nyland, em seus esforços de pesquisa, sugere uma nova governante do sexo feminino na 2ª Dinastia, de nome Sekhemib, sobre quem não se sabe praticamente mais nada.

Governantes do sexo feminino no Egito
De acordo com a lista de reis e dinastias de Maneto
(datas aproximadas)

1ª Dinastia, sexto "rei" (Abidos) — Merneit, mãe de Narmer, 3000 a.C.
2ª Dinastia — Sekhemib, 2626 a.C.
4ª Dinastia — Khentkaus, 2500 a.C.
6ª Dinastia — Nitekreti e Neterkaré, 2190 a.C.
12ª Dinastia — Sobekneferu, 1900 a.C.
19ª Dinastia — Hatshepsut, 1473-1458 a.C.

- renascença artística durante seu reinado
- início da redação do *Livro dos Mortos*, sob ordem dela
- insistia em ser tratada como rei e não como rainha do Egito, no que estava certa

19ª Dinastia (da linhagem real de Séti II) — Tausret, 1194-1186 a.C.

Em todas as classes sociais, quem controlava o dinheiro eram as mulheres. Se uma esposa fosse desonrada pelo marido, este perdia o dote. É talvez por essa razão que as mulheres logravam, ao menos até certo ponto, selecionar seu marido e, consequentemente, sua posição social. Além disso, o rei Netjeren (2675-2625 a.C.), da 2ª Dinastia, emitiu um decreto permitindo que uma mulher "detivesse o cargo de rei". Isso indica que Sekhemib pode ter tido dificuldades para chegar ao trono naquele período.

Hatshepsut foi a primeira faraó retratada em seu trono usando a cauda de touro, que era uma vestimenta masculina. Na figura, vemos a "barba" cerimonial.

(Fotografia gentilmente cedida por Allan T. Kohl, Minneapolis College of Art and Design/Art Images for College Teaching.)

Matriarcas diferentes

Dentro do presente contexto, é útil refletir sobre a vida de algumas líderes de destaque que contribuíram para a imagem da unificação divina no Egito Antigo. As civilizações tradicionais da África e a civilização minoica encontram-se ligadas pelo fato de que, até hoje, o matriarcado é aceito nessas regiões. "A história (...) se inicia por volta de 6000 a.C., quando os primeiros colonizadores chegaram [à Ilha de Creta], provavelmente provenientes da Anatólia (atualmente uma província da Turquia), do norte da África, da Síria e da Palestina. As joias e os vasos desse período revelam uma forte influência anatoliana e norte-africana."[143] Portanto, até onde sei, foi no Egito Antigo onde pela primeira vez aceitou-se o matriarcado. "O decreto do rei Netjeren (...) da 2ª Dinastia, que permitia que as mulheres ocupassem "o cargo de rei", mostra que há muito já se estabelecera essa legitimidade."[144]

Merneit

Acredita-se que Merneit, mãe de Narmer, tenha sido envenenada, talvez durante um grande ritual de sepultamento que se seguiu à morte de seu marido. Seu nome deriva de Neit, "deusa da caça e da tecelagem, duas artes típicas de um povo nômade. Seu símbolo era uma roca cruzada por duas flechas e seu nome era escrito com a figura de uma lançadeira de tear (...)".[145] "Ela era adorada na primeira dinastia, quando surge o nome Merneit, ou 'amado por Neit'; e seu sacerdócio foi um dos mais comuns durante o período das pirâmides. Ela quase caiu no esquecimento por alguns milhares de anos, mas tornou-se a deusa oficial da 26ª Dinastia quando os líbios fizeram da cidade dela, Sais, sua capital." Alguns atribuem a ela a construção de um complexo funerário situado em Abidos e de algumas tumbas famosas situadas em Sacara. Devido às circunstâncias funestas de sua morte, pode-se considerá-la também como a primeira rainha de quem se sabe que foi martirizada por seu povo.

(Fotografia gentilmente cedida por Péter Nagy)

Khentkaus

O título real de Khentkaus incluía tanto termos masculinos quanto termos femininos; ela se apresentava como "Rei (...) e Mãe", uma interessante combinação. Seu nome significa "Filha do Rei e Profetisa de Hathor", que era a deusa do amor e da fertilidade simbolizada por uma vaca. A associação bovina de Khentkaus com Hathor é bastante apropriada se pensarmos na necessidade dos mamíferos por *la laiche*, em que se combinam os atrativos da autoridade e da maternidade. Acredita-se que Khentkaus tenha construído a primeira pirâmide da 4ª Dinastia, em Meidum.

Nitekreti

A época de Nitekreti, isto é, a da Dinastia VI, é confusa porque aparentemente havia duas faraós com nomes semelhantes (Nitócris) naquele tempo. Além disso, segundo Otter Vendel, "o cânone de Turim registra que essa dinastia teve oito reis menfitas, e os cinco reis da lista de Maneto parecem muito pouco para a dinastia, cuja duração foi estimada em 181 anos pelos cientistas". De qualquer maneira, parece evidente que a faraó Nitekreti governou por um único ano como esposa e sucessora de Merenré II. A dinastia foi um tanto turbulenta, de modo que as descrições de fatos não raro se confundem com mistérios e lendas.

TABELA DA 6ª DINASTIA

	Nome	Maneto	Reinado	Maneto	Pirâmide
1	Teti	Othones	32	30	Sacara Norte
-	Userkaré	-	3?	-	?
2	Pepi I	Phios	34	55	Sacara Sul
3	Merenré	Methosophis	9	7	Sacara Sul
4	Pepi II	Phiops	94	94	Sacara Sul
-	Merenré II?	-	1, 1?	-	?
-	Nome perdido	-	-	-	-
5	Nitócris	Nitrokis	2-4	12	?
		Anos=	169	198	

(Extraído do site http://www.nemo.nu/ibisportal/Oegyptintro/4egypt/4main.htm, e reproduzido com a permissão de Ottar Vendel)

Embora Vendel afirme que "não se pode identificá-la através dos restos de nenhum dos faraós até hoje descobertos", segundo Maneto, Nitekreti assumiu o trono depois de o irmão dela ser assassinado. Para conseguir vingar-se, ela procurou fazer amizade com os assassinos do irmão, no que foi bem-sucedida. Quando logrou chegar ao trono, segundo Heródoto, Nitekreti convidou os assassinos e figuras políticas para um banquete e, ardilosamente, inundou o salão onde este se realizava, removendo seus problemas, por assim dizer. Reza a lenda que ela cometeu suicídio para escapar à punição. Embora essa história careça de provas factuais, parece confirmá-la o simples fato de

Merenré, marido de Nitekreti, ter governado por apenas um ano. Se o caráter de Nitekreti fosse de outra natureza, seu reinado poderia ter sido mais longo. Um reinado estável não poderia ter começado com uma vingança desse tipo, que tende a ser um plano de curto prazo e não um empreendimento que se prolongue por vários anos.

NETERKARÉ

Todos os registros parecem revelar que o último faraó restante da 6ª Dinastia foi Neterkaré. De acordo com Maneto, Neterkaré construiu a Terceira Pirâmide e seu "nome real era Menkaré". Provas materiais da existência dessa faraó chegaram até nós, entre as quais o sarcófago retratado na foto abaixo.

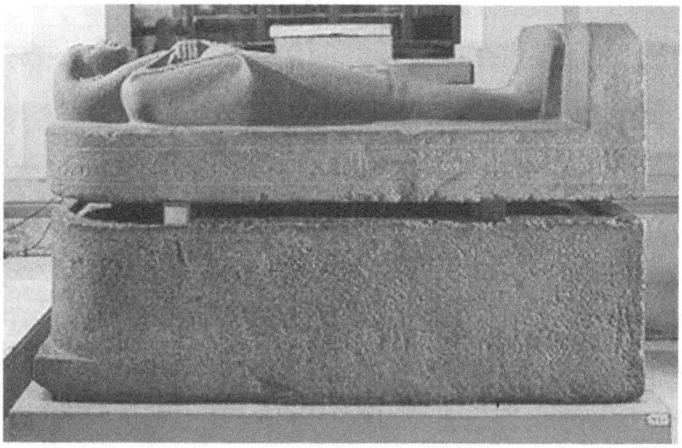

O sarcófago de Neterkaré

(Imagem gentilmente cedida por Jim Dunn, www.touregypt.net. O sarcófago se encontra no Museu de Antiguidades do Cairo)

Conforme tentei mostrar neste capítulo e no anterior, Nitekreti (que significa "Neit é excelente" em egípcio, sendo que

Neit era uma caçadora) identifica-se sobretudo com a vingadora misteriosa que governou por um ano; outra figura, Neterkaré, pode ser descrita como uma governante que construiu uma pirâmide e cujo reinado foi estável. Parece ser a ela que Maneto se refere quando afirma que Neterkaré era "a mais nobre e amável das mulheres de seu tempo".

O reinado de Neterkaré estendeu-se para além do Império Antigo e marcou o início do Primeiro Período Intermediário. No Museu de Arte de Seattle, ela é descrita "como 'monarca do Alto e do Baixo Egito'", e afirma-se que "esta mulher, que adquiriu fama no Período Ptolomaico [grego] sob a forma da figura mítica de Rhodopis, foi a primeira rainha de que se tem notícia a exercer poder político no Egito".[146]

Existiram, obviamente, muito mais governantes egípcias do que é possível mencionar aqui. Espera-se que novas pesquisas forneçam mais informações a respeito de faraós sobre as quais não sabemos muita coisa e que o tempo torne famosas aquelas que até hoje permaneceram no esquecimento. Vale ressaltar que, em janeiro de 2005, numa resenha deste livro publicada na *Kemet*, uma revista de egiptologia em língua alemã, o editor chefe observou que é "compreensível" e "inegável a existência de uma lacuna no que diz respeito ao tema dos faraós do sexo feminino e do papel das mulheres no Egito Antigo, em sua relação com a *Bíblia* e o cristianismo".

O Gênesis

Aton criou todas as coisas por meio do Sol e dos raios deste. Ele era o "Sol da Justiça" do Antigo Testamento[147]. Ele "'veio a ser' antes da criação", conforme se evidencia no Gênesis, e "refere-se a seu estado original (...) como 'não ainda', o que caracteriza todas as coisas caóticas e carentes de forma que estão sobre a face da Terra: 'O céu ainda não existia, a terra não existia, as criaturas da terra [e] os répteis ainda não haviam sido postos naquele lugar'".[148]

Nas narrativas criacionistas, a vida se desenvolve a partir de um objeto físico caótico inicial: uma pedra ou um ovo.[149] "Afirma-se, vez ou outra, que o ovo primordial foi posto por um pássaro primevo: 'o ovo do grande chilreador'.(...)"[150] Isso também pode ser comparado à teoria evolutiva do Big Bang, segundo a qual o universo teria se formado a partir da divisão, por explosão, de uma massa compacta de matéria. Esses acontecimentos se deram ao longo de um período prolongado de tempo e não de alguns dias, como se interpreta a partir da *Bíblia*.

Se o ovo foi o material primordial do qual surgiu a vida, então a outra teoria dos egípcios, segundo a qual a vida nasceu do lótus, pode ser considerada como um subgrupo desta. (Ela parece ter surgido tardiamente na história do Egito, mas pode ter ganhado influência na China.) O lótus nasceu de Nun, o oceano primordial. O ovo, a pedra e o lótus (cada um dos quais começa como um botão ou uma bola) são todos "massas primevas" das quais surge a vida.

"(...) a Terra estava vazia e vaga, as trevas cobriam o abismo, (...) a superfície das águas."[151] O conceito de Nun está na *Bíblia* sob a forma de sua definição: um oceano caótico para onde vai o Sol quando este se põe como Ahabit.

"Deus disse: 'Haja luz', e houve luz. Deus viu (...) a luz e Deus separou a luz e as trevas. (...) Houve uma tarde e uma manhã: primeiro dia."[152] Nos ritos egípcios, o dia e a noite encontravam-se em Nun. Atum então criou Shu e Tefnut: o ar e a umidade. Em ambas as narrativas criacionistas, Nun é a raiz da qual se criam a Terra e o Céu sob a forma de Geb e Nut.

No segundo dia, "Deus disse: 'Haja um firmamento no meio das águas e que ele separe as águas das águas', e assim se fez. Deus fez o firmamento, que separou as águas que estão sob o firmamento das águas que estão acima do firmamento, e Deus chamou ao firmamento 'céu'".[153] Aqui o céu foi separado do restante da criação, sob a forma de Nut. Para Morenz, no "conceito antigo de universo, a Terra descansa sobre o oceano primitivo ou dentro deste. Acima dele está a abóbada celeste, apoiada sobre quatro pilares; e embaixo dele, o contracéu, que no início de tudo jazia abaixo do oceano primevo. (...) Essa (...) descrição se formulou de diversas maneiras, mas jamais foi abandonada".[154]

Associada ao renascimento ou ao batismo, Akhet guardava a humanidade sob a forma de Nut na abóbada celeste. (Os espíritos celestes renasciam após a morte e se tornavam estrelas, ou *akhu*.) As águas do céu (o Campo de Juncos), por sua vez, separavam-se das águas do mundo através de uma divisão apoiada por colunas. Em Exôdo 13:21-22 e Provérbios 9:1, lê-se: "E o Senhor ia adiante deles, de dia numa coluna de nuvem, para lhes mostrar o caminho, e de noite numa coluna de fogo para os alumiar, a fim de que pudessem caminhar de dia e de noite. Nunca se retirou de diante do povo a coluna de nuvem durante o dia, nem a coluna de fogo durante a noite. (...) [Havia] sete colunas. (...)" As colunas da *Bíblia* eram chamadas, no Egito, de Suportes de Shu.

"Deus disse: 'Que as águas que estão sob o céu se reúnam num só lugar e que apareça o continente', e assim se fez".[155] O céu e a terra seca estavam separados.

Agora a Terra (...) apresentava uma cena de prosperidade. Primavera, verão, outono e inverno vieram, um após o outro. Todo o universo estava perfeitamente ordenado. (...) Não havia fera, pássaro, inseto ou serpente que não tivesse ocultado suas garras e cessado de inocular seu veneno. [Não havia] corações malignos para danar a humanidade. Plantas alimentícias cresciam por toda parte nas planícies. (...) Despreocupadas, as pessoas das 'planícies centrais' (...) viviam uma vida tranquila e feliz."[156] O conceito de Jardim do Éden existe nesses sistemas de crenças sob a forma de um mundo perfeito e ideal no qual pôde ser colocada a nova criação, a humanidade. Na lenda de Rá e Sekhmet, Rá cria um mundo perfeito paralelo onde a flora e a fauna crescem em paz.

"Iahweh Deus fez crescer do solo toda espécie de árvores formosas de ver e boas de comer, e a árvore da vida no meio do jardim, e a árvore do conhecimento do bem e do mal".[157]

Esta árvore é talvez a mais ilustre característica do jardim. As "árvores da imortalidade" são mencionadas nas *Histórias da Mitologia Chinesa* e ocultam a perspectiva tanto de destruir quem comer de seu fruto (Eva na *Bíblia*, e a Senhorita Changé na mitologia chinesa) quanto de fazer com que o indivíduo "ascenda aos céus e torne-se um deus".[158]

Tendo-se criado a terra e o alimento, nascia a humanidade. Deus caminhou pelo mundo que ele criara e avaliou o que estava faltando. "Certo dia, Nu Wa caminhava pelas vastas planícies (...) [e] uma sensação de solidão a acometeu. Ela sentiu que algo precisava ser acrescentado ao universo para que este florescesse e prosperasse (...). [Nu Wa] retirou um punhado de argila da beira de um lago e a misturou com água. Ela enrolou a argila com a mão até formar uma bola e modelou a primeira bola até que ela se parecesse com um bebê. (...) Assim que tocou o chão, [a bola] ganhou vida e bradou: Mamãe!"[159]

A criação egípcia pelas mãos de Khnum-Ptah é quase tão comovente quanto a da parábola chinesa. Nela o homem é feito à mão por Deus numa roda de oleiro, com argila e palha. A linguagem da *Bíblia* é mais fria a esse respeito: "Homem e mulher ele os criou" do pó (Gênesis 1:27). O incidente também é descrito em Geremias 18:3-6: "Eu desci à casa do oleiro, e eis que ele estava trabalhando no torno. E estragou-se o vaso que ele estava fazendo, como acontece à argila na mão do oleiro. Ele fez novamente outro vaso, como pareceu bom aos olhos do oleiro. Então a palavra de Iahweh me foi dirigida nestes termos: Não posso eu agir convosco como este oleiro, ó casa de Israel?, oráculo de Iahweh. Eis que, como a argila na mão do oleiro, assim sereis vós na minha mão, ó casa de Israel!" A versão bíblica não é emotiva, mas sim de uma simplicidade quase assustadora.

A criação ocorre, no jardim bíblico tanto quanto no egípcio, pelo ato de nomear. Esse ato, pela vontade de Deus, é de responsabilidade daquele que cuida do jardim. "Iahweh Deus modelou então, do solo, todas as feras selvagens e todas as aves do céu e as conduziu ao homem para ver como ele as chamaria: cada qual devia levar o nome que o homem lhe desse."[160] É claro que essa designação por um nome não poderia ser considerada errada, uma vez que era pré-requisito da existência. O único erro dos egípcios, se é que podemos culpá-los de algo no tocante a sua dedicação aos deuses, foi seguir esse verso à risca.

"E Iahweh Deus deu ao homem este mandamento: 'Podes comer de todas as árvores do jardim. Mas da árvore do conhecimento do bem e do mal não comerás, porque no dia em que dela comeres terás que morrer'."[161] O advento da mortalidade é narrado tanto na tradição bíblica quanto na egípcia.

"Eles ouviram o passo de Iahweh Deus que passeava no jardim à brisa do dia e o homem e sua mulher se esconderam da presença de Iahweh Deus, entre as árvores do jardim."[162] Embora a humanidade não seja culpada pela busca da ciência na lenda de Rá e Sekhmet, análoga à da *Bíblia*, o casal egípcio também comete o pecado da húbris, da arrogância e do esquecimento de deus. Na narrativa egípcia, Rá decide que eles deveriam ser para sempre advertidos, para que a humanidade não mais O desrespeitasse nem o ambiente que Ele criara. Num assomo de ira que faz lembrar Sodoma e Gomorra, Rá envia a deusa Sekhmet para "endireitá-los".[163] As narrativas criacionistas egípcias são, em todos os níveis, claramente análogas àquelas conservadas pelo cristianismo moderno.

O GRANDE DILÚVIO

Os relatos do *Livro dos Mortos*, dos Textos das Pirâmides, da narrativa mesopotâmica da *Epopeia de Gilgamesh* e da *Bíblia*, entre outras narrativas orientais da criação, falam do grande dilúvio. Na narrativa, pássaros espirituais trazem ramos vivos como prova de que o dilúvio passou. Os pássaros representavam a liberdade de entrar e sair, isto é, de atravessar para o outro mundo e mesmo assim retornar a salvo da divindade e do medo do desconhecido que está associado a esta.

Feras malignas podiam ser controladas através desse tipo de voo ao céu. Rá, enquanto disco solar, poderia assumir a forma de uma ave benu se assim desejasse, e a transferência de seu espírito no voo da ave era associada à ascendência à outra vida. A alma humana de Rá poderia ascender sob a forma de um *ba* e alçar voo ao Campo dos Juncos.

A língua egípcia unia o religioso ao avícola, como no caso do termo *ba*, das garças como símbolos da ave *benu*, bem como dos gaviões, dos falcões, das águias e dos abutres como símbolos do Sol divino. Essa ideia está registrada no Antigo Testamento, onde porém adquire um caráter inverso, em textos como as listas canônicas do Levítico e do Deuteronômio. Nessas listas, pássaros que podem ter sido cultuados por alguns povos são considerados impuros e/ou não devem ser ingeridos como forma de repreensão; "nessas passagens, o abibe é citado como um pássaro impuro, isto é, um tabu, na distinta companhia da águia, do abutre, do íbis, do cuco, do cisne, do falcão, da coruja, do mocho, do ganso-de-faces-brancas, (...) do ganso-patola, da cegonha, das garças e do pio pelicano. (...) O 'caráter impuro' do abibe intrigou os estudiosos (...), que questionam se o pássaro mencionado nas Escrituras é mesmo este ou se não seria a poupa." (A lista do Deuteronômio inclui uma ave chamada milhafre negro.) Outras aves mencionadas são os caprimulgídeos, o xofrango, os gaviões e o alcatraz. Vale ressaltar que o fato de o "morcego" fechar as duas listas contribui para intensificar o caráter aparentemente arbitrário destas.[164]

As aves são importantes complementos da criação, tradicionalmente associados aos deuses e ao Sol. É, portanto, bastante lógico que eles devam ocupar uma posição importante na criação, sobretudo em vista de sua respeitável condição no Egito Antigo.

RAÍZES ANTIGAS, IDEIAS CONTEMPORÂNEAS

Trecho extraído de http://www.rabdavis.org/tallit_in_the_nt.htm:

"As raízes judaicas do cristianismo são negligenciadas até hoje. Cada vez mais é possível observar que, à medida que mais judeus se convertem, novas facetas das Sagradas Escrituras abrem outros caminhos de investigação para os cristãos e (...) também para os judeus. A Igreja cristã acomodou-se, tornou-se previsível, e os fiéis precisam de um desafio que lhes inspire, que os faça empolgar-se com sua fé de novo. Eu enxergo essa possibilidade de empolgação nos conceitos judaicos que estão por trás das Escrituras Messiânicas (Novo Testamento). Sempre me impressiono com a quantidade de cristãos que nem sequer concebem que Yeshua era judeu ou que os apóstolos o fossem, assim como o eram os primeiros "padres" e aqueles que escreveram o Novo Testamento. (...) [Essas] raízes foram sendo encobertas ao longo do tempo por negligência ou de caso pensado. O Antigo Testamento, por sua vez, é ignorado, o que representa um sacrifício para a compreensão. Nossa jornada nos conduziu ao tempo de Yeshua ou, para usar um nome pelo qual mais comumente se o conhecia, Yehu. (Eu prefiro chamar nosso Senhor de Yeshua, porque o nome Jesus é tradução de 'Iesous' e 'Iesus', que vêm de 'Ieso', deusa grega da cura. 'IHS' é a forma abreviada do nome e, além disso, é o sobrenome misterioso de Baco, também conhecido como Tammuz e Ictus, o Peixe. Todas essas variantes do mesmo nome significam "filho de Zeus'. [1] *A Study in Ancient Religion*, Odedipus Aegypticus, et al.)"

Esse Ieso, IHS ou Peixe Ictus também remete a Ísis e ao *ichthys*, ou peixe, na história mencionada anteriormente, na qual as partes de Osíris foram atiradas aos peixes e recolhidas por Ísis — esta parece ser a causa de o peixe ser um tabu tanto no catolicismo de hoje quanto no Egito Antigo. Além de Ishtar, existem, é claro, muitos outros nomes de deuses e deusas semelhantes para a mesma ideia e que são de origem egípcia. Essa ideia atravessou os séculos até aparecer na *Bíblia* sob a forma do milagre da multiplicação do pão e do peixe por Jesus; através disso, combinam-se vários aspectos da prática católica contemporânea, como a abstinência, a comunhão sacramental, etc. Também pode ser interessante ressaltar aqui que, no pensamento chinês antigo especificamente, os peixes simbolizam a fartura. Portanto, o nome desses alimentos e o ato de oferecê-los ligariam o homem a um deus da maneira mais essencial possível; conforme está escrito na literatura egípcia, "fazer com que o coração receba o pão".[165]

Os sete sacramentos

Batismo

Podemos nos imbuir de *heka* por meio de uma estrutura. Segue-se então que a imersão espiritual numa substância sagrada, ou a aspersão espiritual com tal substância eleva a propensão para o divino. Isso se aplica tanto à mumificação quanto ao batismo. Nos tempos do Egito Antigo, o batismo era um privilégio reservado apenas aos membros da família do rei. A água abençoada "vertida de quatro vasos de ouro" santificava sacramentalmente os faraós, os sacerdotes e as sacerdotisas.[166] "O batismo não foi, obviamente, inventado pelos cristãos; eles o herdaram de São João e este, por sua vez, foi buscá-lo com os hemerobatistas [pelo menos], uma misteriosa seita hebraica normalmente considerada como uma ramificação dos essênios pitagóricos, que eram adoradores de Jeová sob a forma do deus Sol."[167]

Penitência

No mundo antigo, as pessoas geralmente supriam sua necessidade de absolvição conversando com um sacerdote, assim como o fazem hoje. Entretanto, o local onde o faziam era, muitas vezes, de outra natureza; no mundo grego, os oráculos eram comuns. Um cidadão poderia dirigir-se ao oráculo e comunicar-se com o deus, tendo o sacerdote como mediador.

Já no tempo dos faraós, as pessoas podiam procurar um sacerdote, fora ou perto do templo, para que este interpretasse seus sonhos e/ou resolvesse alguma dificuldade. Em suma, a confissão nas sociedades antigas funcionava praticamente da mesma forma como funciona hoje.

Confirmação

A confirmação diz respeito a qualquer tradição que tenha exclusivamente o propósito de fortalecer a crença no prestígio da divindade na Terra. O festival de Sed tinha essa função. O faraó vestia uma túnica branca e caminhava por uma área do templo especialmente designada para esse fim, para demonstrar fecundidade. O ritual servia para renovar o interesse por seu reinado e motivar os novos seguidores.

Comunhão

Conforme já observei, os autores bíblicos rapidamente descobriram a possibilidade de tomar emprestados os circunlóquios e as máximas do Egito para descrever sua "nova" religião e dar-lhe fundamentos sólidos. "Porém, para os primeiros Concílios da Igreja, a mais diabólica e imperdoável das heresias era a identificação do touro de Hércules, Dionísio e Mitras, cuja carne viva os ascetas órficos cortavam e comiam em sua cerimônia de iniciação, com Jesus Cristo, de quem se partia e comia simbolicamente a carne na Sagrada Comunhão. (...) Essa heresia (...) ocorreu no Egito do século II. (...)"[168] A eucaristia não foi uma ideia nova, e tampouco foi uma novidade associá-la ao deus dos israelitas.

Matrimônio

A preexistência desse sacramento certamente está comprovada, e sua importância religiosa é bem conhecida. Um de meus exemplos favoritos é a maça de granito matrimonial do faraó Narmer, onde estão inscritas agradáveis cenas de seu casamento. O que me fascina nesses desenhos é a metáfora de que o rei só será capaz de prolongar sua dinastia através da rainha, e, acima de tudo, a caracterização desta como protetora, esposa e mãe. O búteo fêmea Nekhbet é um retrato formidável dessa complementação, porque é ela — a abutre fêmea de tão grande envergadura — que a todos "envolve com os braços" como forma de proteção; e que, neste caso em particular, protege o rei e as futuras gerações por meio da cerimônia de casamento. Nut, a deusa celeste, pode figurar aqui como extensão de Nekhbet, as asas abertas atravessando a abóbada celeste e abraçando a Terra.

> Esculpida por volta de 3100 a.C. (...) com cenas reconfortantes de uma cerimônia, além de uma inscrição que inclui todos os numerais mais altos do sistema hieroglífi-

co egípcio, desde mil até um milhão, (...) Narmer logrou alcançar a dita renovação através da união com uma dama "que traz o rei consigo". Esta aparece sentada diante dele em uma cama, sob um dossel abobadado cuja forma se assemelha à de um altar (e a um número dez gigante). A dama, ao que parece, era uma representante da deusa celeste que também paira, sob a forma de um abutre, sobre o rei em seu trono e o protege com as asas. Isso bate com epígrafes de desenhos posteriores dessa deusa-abutre, que a descrevem como a mãe do rei. A representante humana daquela dama celestial, sentada diante do rei, daria à luz e depois alimentaria o novo eu rejuvenescido do rei, conforme o indicam a vaca e o bezerro desenhados em um compartimento logo acima do dossel, de frente para o abutre.[169]

Assim, a rainha, sob a forma de Nekhbet, era o meio favorito de apoio, segurança e regeneração do rei em todas as fases da existência do faraó.

Ordem sagrada

Os sacerdotes egípcios pregavam do alto de um púlpito, assim como ocorre hoje.[170] Os crentes egípcios, por sua vez, guardavam relíquias — sagradas ou simplesmente decorativas — em casa e nos templos. Segundo Morenz, eles mantinham em casa trípticos abertos que celebravam feitos milagrosos.

O clero sempre se empenhou em dar realismo às imagens e estátuas religiosas. Seus artistas pintavam as estátuas, assim como as pintamos hoje, inseriam-lhes olhos falsos e procuravam tornar as narrativas tão próximas da vida real quanto se procura torná-las hoje. Conforme já mencionei, as estátuas eram imbuídas do espírito do deus vivo, o que não é exatamente uma ideia desvairada ou que esteja à frente dos tempos modernos. Se permanecermos por algum tempo em uma igreja católica romana, facilmente veremos quantas estátuas têm os pés beijados por fiéis e quantas flores são postas a seus pés.

Os sacerdotes sempre recorreram à invocação de seus cânones para comprovar a existência dos milagres, muitos dos quais, é claro, não passam de ficção. No mundo antigo, muitas vezes atribuía-se ao elemento de surpresa um valor mágico. Há pouca diferença oracular entre, digamos, a transformação masculina do pão e do vinho (contidos no ostensório e no cálice sagrado) no corpo e no sangue de Cristo, literalmente, e a fabricação, no Egito, de um vaso de cerâmica moldado com as formas femininas, de modo que, com o acionamento de um mecanismo, uma parte de seu conteúdo se vertesse através dos seios da deusa — apenas um dentre muitos milagres artificiais de altar; outro exemplo de "heka", a palavra egípcia para poder, que equivale, em termos gerais, à palavra latina *magicus*.

Aqui há uma relação com a filosofia pela qual *heka*, na qualidade de fenômeno, tornou possível, desde um ponto de vista religioso, a transferência de energia de uma pessoa ou coisa a outra por meio de um objeto. Isso aparece, por exemplo, na história bíblica dos três reis magos que oferecem ouro, incenso e mirra como presente ao menino Jesus (a palavra mago, de fato, vem do latim *magicus*). Os magos eram sacerdotes sagrados do zoroastrismo, e a história de sua chegada para o nascimento de Cristo pode ser vista, de certo modo, como uma aceitação bíblica daquela religião.

Extrema-Unção

A ideia de *heka* sobreviveu durante toda a história da tradição judaico-cristã e hoje se expressa essencialmente na unção. O sepultamento dos mortos com objetos que estimavam em vida ainda é aceito; e, além disso, durante o funeral, os hebreus jogam um punhado de terra sobre o caixão, um ato cujo sentido transcende a frase "das cinzas às cinzas, do pó ao pó" — com a terra, procura-se transmitir uma última carga de energia emotiva. Creio que a mesma ideia de *heka* está por trás do ato de colocar flores numa sepultura, pois, nesse caso, a decoração representa um desejo concreto de que o corpo se conserve espiritualmente através de um sinal físico.

Essa conservação ocorre hoje da mesma forma como ocorria outrora, isto é, através da visitação dos túmulos. "Assim, a escultura egípcia, que outrora servira unicamente a propósitos religiosos, elevou-se a um plano estético independente: inscrições de visitantes celebram a beleza dos monumentos, à moda dos turistas."[171]

Práticas gerais

O uso dos ramos de palmeira e oliveira

Segundo os costumes da tradição egípcia, as pessoas agradeciam a seus companheiros e parentes honoráveis "agitando ramos de palmeira e oliveira".[172] Essa prática está registrada na *Bíblia* em Marcos 11:6-10, e conserva-se até hoje na tradição católica do Domingo de Ramos.

A cura com as mãos

Sua Santidade, se abençoada por Amon-Rá, poderia operar maravilhas, como a cura de crianças portadoras de doenças letais. Incidentes desse tipo, descritos em estelas encontradas em Tebas, remetem-nos a versículos bíblicos como aqueles em Lucas 7:2-3, 6, 10, 21, que narram feitos semelhantes operados por Jesus: "(...) um centurião tinha um servo a quem prezava e que estava doente, à morte; tendo ouvido falar de Jesus, enviou-lhe alguns dos anciãos dos judeus para pedir-lhe que fosse salvar o servo (...). Jesus foi com eles. Não estava longe da casa, quando o centurião mandou alguns amigos lhe dizerem:

'Senhor, não te incomodes, porque não sou digno de que entres em minha casa (...).' E, ao voltarem para casa, os enviados encontraram o servo em perfeita saúde. (...) Nesse momento, ele curou a muitos de doenças, de enfermidades, de espíritos malignos, e restituiu a vista a muitos cegos." Portanto, vê-se que a "cura com as mãos" era comum.[173]

"No Gênesis Apócrifo, que compõe os *Manuscritos do Mar Morto*, Abraão cura o faraó pondo as mãos sobre a cabeça dele. Isso prova que essa 'inovação' do Novo Testamento já existia e fora registrada nos livros mais antigos das Escrituras."[174]

O uso do cedro

No Egito Antigo, o "símbolo hieroglífico da palavra 'deus' era uma bandeira presa a um mastro de cedro".[175] Este é o início da associação da realeza faraônica ao cedro. Verifica-se também, tanto no Egito Antigo quanto no catolicismo romano moderno, o uso cerimonial do incenso, que contém cedro, entre outras substâncias aromáticas.

Anjos

O serafim ou querubim espiritual que os católicos celebram no hino "Salve Rainha" são, na verdade, inspirados em entidades combatentes onipotentes do Oriente Médio e/ou do norte da África. Existe toda uma tradição de anjos postados de guarda nos Portões dos Jardins. "De acordo com Gênesis 3:24, querubins guardavam o portão leste do Éden. (...) Os serafins, ou 'serpentes fulgurantes', e os querubins, [ou] 'anjos tempestuosos', [armam-se] com 'a espada tortuosa de Jeová' — aquela com que (segundo Isaías 27:1) ele matou o dragão, assim como Marduk matara Tiamat, para impedir a entrada de qualquer pessoa.[176] Essa origem marcial é hoje convenientemente ignorada, visto que não se conforma às interpretações modernas. "Estes são os Kheferu (= Querubins) sentados no local do julgamento, no alto do Monte [no Egito Antigo.] 'Que (...) os espíritos do fogo abram-me o caminho, para que eu entre no Monte Glorioso e atravesse até aonde estão os grandes; (...) que é Maat."[177] Segundo Gerald Massey (1828-1907), no Egito Antigo, os quatro querubins eram retratados como nos vasos canópicos: "com cabeça de babuíno, de chacal, de pássaro e de homem". Portanto, só se modificaram

O símbolo do Evangelho de Lucas, ou o homem senciente de Ritenbaugh

O símbolo do Evangelho de Mateus, ou Sekhmet

(Fotografias gentilmente cedidas pela Igreja Católica de Nossa Senhora do Monte Virgem [Our Lady of Mount Virgin Church], 188 Mac Arthur Avenue, Garfield, NJ 07026)

duas dessas cabeças, a de babuíno e a de chacal, muito embora seja possível encontrar algumas características semelhantes no leão e no babuíno, em contraposição ao chacal e à vaca (audácia e inteligência *versus* submissão e imprudência).

Segundo Anthony Padovano, os querubins têm sua origem em um animal conhecido como "karibu" (daí a palavra querubim), que tinha cabeça de homem e patas de boi. Esse animal fictício também tinha asas e corpo de leão, e era gravado nos muros dos templos babilônicos para afastar os espíritos do mal. A terra natal desse deus composto é, obviamente, o Egito Antigo, onde a forma de praticamente todos os deuses e deusas era um misto de homem e animal. O karibu conservou-se no catolicismo romano, onde aparece na combinação de simbolismo animal e humano utilizada na referência aos quatro Evangelistas. Estes são retratados não apenas no Apocalipse, mas também no Livro de Ezequiel, que se presume ter sido escrito por volta de 582 a.C.[178]

Entretanto, segundo Massey, "o monte, no Apocalipse, (...) transforma-se no trono do Pai e do Filho; mas esse trono é o mesmo de Osíris, de sob o qual jorra a água da vida, com os quatro (...) postados diante do santuário. Estes se tornaram 'os quatro Viventes (...) cheios de olhos (...)'".[179] Os quatro são, então, as figuras querubínicas até hoje evocadas como viventes (que simbolizam Mateus, Marcos, Lucas e João) no catolicismo.

Para dar respaldo a essas teorias, gostaria de acrescentar as seguintes informações sobre as referências bíblicas mais antigas que chegaram até nós, que tem relação com esses quatro símbolos. "O Livro de Durrow costuma ser datado do final do século VII, mais de um século antes do Livro de Kells (...) (que contém uma cópia ricamente decorada dos quatro evangelhos, em tradução latina baseada na Vulgata, finalizada por São Jerônimo em 384 d.C.) (...) e (...) que é o mais antigo manuscrito decorado no estilo conhecido como arte insular e contendo os evangelhos que chegou até nós (...). O Livro de Durrow é tradicionalmente associado ao mosteiro de Durrow, que se localiza a cerca de seis quilômetros ao norte de Tullamore e foi fundado por São Colum Cille. Não se sabe muito sobre o que aconteceu em Durrow durante a Idade Média, e o motivo disso pode ser simplesmente o de que a biblioteca desse mosteiro foi incendiada no final do século XI. Segundo os Anais de Ulster, no ano de 1095 muitas igrejas foram incendiadas e, entre elas, 'Durrow e seus livros': uma das muitas perdas que limitaram o conhecimento que temos da Irlanda medieval. (...) No Livro de Durrow, os evangelistas são retratados por símbolos: o Homem simboliza São Mateus, o Leão simboliza São Marcos, o Bezerro, São Lucas e a águia, São João. Além disso, retornando-se ao esquema de antes da Vulgata concebido por Santo Irineu [que viveu entre 105-202 d.C.], o Evangelho de São João, no referido livro, é introduzido pelo Leão e o de São Marcos, pela Águia."[180]

Tendo em vista que Irineu nasceu no ano de 105 e que a morte de Jesus é datada em 29 d.C., então a escolha desses símbolos deu-se bem no início da história do cristianismo. A vaca fora tradicionalmente associada a Hathor, enquanto o búteo (gavião, falcão, abutre ou águia) era associado a Hórus e Nekhbet (para falar de apenas duas divindades dentre muitas) e o leão, a Sekhmet e Pashet, etc. Esses símbolos possuíam uma importância singular para a civilização egípcia antiga. Seria coincidência, então, que sua importância religiosa tenha perdurado na Igreja Católica Romana até os tempos modernos?

John W. Ritenbaugh, numa série de estudos intitulada "Four Views of Christ" (parte 2), afirma o seguinte: "Esse modelo [pode ter] sido o quarto capítulo do Apocalipse, onde se descrevem os querubins. Cada querubim tem quatro faces. Uma delas é a de um leão, a outra é a de um bovino, a terceira é a de um homem e a última, a de uma águia. Segundo a tradição judaica, havia ainda os símbolos do brasão das (...) tribos de Israel em sua jornada pelo deserto. Judá era o leão, Efraim era o boi, Rúben era o homem e Dã, a águia."

Em seguida, o autor cita versículos onde o leão é claramente usado como símbolo de Deus; por exemplo, em Apocalipse 5: 5: "(...) Eis que o Leão da tribo de Judá, o Rebento de Davi, venceu para poder abrir o livro e seus sete selos"; ou em Oseias 11:10: "Eles caminharão atrás de Iahweh./ Ele rugirá como um leão,/ e quando ele rugir,/ os filhos virão tremendo do Ocidente". Sua conclusão é que, "seja qual for o sentido atribuído ao leão, há [uma] aura de majestade, ferocidade e terror em tudo isso (...) [na qual] o leão simboliza poder, coragem, eminência, reinado, firmeza e (...) sabedoria; os leões são muito bons caçadores. (...) A ordem de aparição [dos símbolos] parece seguir aquela apresentada por João em Apocalipse 4:6-8. O leão é o livro de Mateus. É aqui que se ressaltam aquelas características; o boi é identificado ao livro de Marcos, onde se enfatiza o ato de servir à humanidade; o homem, ao livro de Lucas, onde se vê muita simpatia e identificação (...) em comum com o homem no sentido universal da palavra." Ritenbaugh associa o homem à inteligência e à percepção nesse modelo — "(...) e, por fim, a águia, a João, [onde] a divindade de Cristo é enfatizada". Esta última identificação é a mais interessante porque

O símbolo do Evangelho de Marcos, ou Hathor.

O símbolo do Evangelho de João, um búteo, como Hórus.

(Fotografias gentilmente cedidas pela Igreja Católica Romana de Nossa Senhora do Monte Virgem [Our Lady of Mount Virgin Church], 188 Mac Arthur Avenue, Garfield, NJ 07026) salienta a associação, já repetitiva a esta altura, do divino com as aves, sobretudo os búteos e as aves de rapina em geral.

Nessa mesma linha, a próxima citação por ele oferecida para corroborar sua tese é a de Jó 39:26-29 e Jó 9:25-26: "É por tua sabedoria que o falcão levanta voo e estende suas asas para o Sul? Acaso é sob tua ordem que a águia remonta o voo e constrói seu ninho nas alturas? Habita nos rochedos e lá pernoita, o penhasco é seu baluarte. De lá espia sua presa, que de longe os seus olhos percebem. (...) Meus dias correm mais depressa que um atleta e se esvaem sem terem provado a felicidade; deslizam como barcas de papiro, como a águia que se precipita sobre a presa."

Quanto a sua visão a respeito do boi, ele a corrobora com a seguinte citação, de Provérbios 14:4: "Onde não há bois falta o grão,/ a força do touro traz grande colheita." Além disso, ele cita Deuteronômios 33:17: "Ele é seu touro primogênito, a glória lhe pertence. Seus chifres são chifres de búfalo: com eles investe contra os povos até as extremidades da Terra. (...)"[181]

É evidente que essas representações, tradicionais na religião do Egito Antigo, converteram-se na imagem dos karibus, formando um amálgama com as características das três criaturas indicadas. Essa imagem, por sua vez, talvez adotada pelas culturas do Oriente Médio, perdurou até o surgimento do cristianismo, que atribuiu características corpóreas à imagem correspondente à palavra karibu/kheferu e a substituiu pelo novo modelo, o do "querubim". Nesse processo, as características de ferocidade foram substituídas pelas de inteligência, bondade e sensibilidade indicadas pela presença do homem "pensante", que faz surgir os quatro anjos de que se fala no Antigo Testamento e no Novo Testamento.

Conclusão

É impossível falar de Platão, de Aristóteles e das escolas de pensamento associadas aos pensadores clássicos sem falar também da teofilosofia do Egito Antigo. O hábito de desconsiderar o Egito resultou em grandes equívocos teológicos. Dentro dos limites deste livro, identificamos que as rotas do conhecimento da humanidade partiram da África, e esse continente deve então ser celebrado e reconhecido como o lugar de onde a religião se disseminou.

É absolutamente lamentável que, a partir de um único modo de vida original, tenhamos produzido tantas seitas que estão constantemente em guerra umas com as outras, sejam estas o islã e o judaísmo, ou seitas dentro do próprio cristianismo, como os cristãos renascidos, o protestantismo, o catolicismo, o episcopalismo, o metodismo, e assim por diante. O caráter injusto da crença de que nosso próprio sistema é superior a todos os outros no que diz respeito ao seu valor moral e hermenêutico é uma simples questão de lógica.

Na *Bíblia* está escrito que, "Se alguém pensa ser religioso, mas não refreia a língua, antes se engana a si mesmo, saiba que sua religião é vã. Com efeito, a religião pura e sem mácula diante de Deus, nosso Pai, consiste nisto: visitar os órfãos e as viúvas em suas tribulações e guardar-se livre da corrupção do mundo". (Epístola de São Tiago 1:26-27) São Paulo afirma: "*Considero-me feliz (...) por poder hoje (...) defender-me de todas as coisas* (...)". Portanto, quem quer que use qualquer conteúdo bíblico para promover a segregação ou algum tipo de "superioridade" está errado.

Doroghazi, um autor de livros sobre finanças, costuma dizer que todos nós queremos ser membros de um clube "exclusivo" onde apenas uns poucos possam entrar. Ele chama isso de "ego e cobiça", ou vaidade. A mentalidade de "clube" evidencia-se não apenas nesse exemplo, mas também na esfera da espiritualidade.

Por exemplo, depois de escrever este livro, eu recebi elogios tanto de ateus quanto de cristãos. Por quê? Porque todas as religiões têm as mesmas raízes. Qualquer que seja nosso credo, ou mesmo que não tenhamos nenhum, a única coisa que nos impede de compreender nosso vizinho somos nós mesmos. Devemos evitar a todo custo que essa mentalidade de "clube", que esse desejo de exclusividade nos aparte de nossos vizinhos, contrariando assim o propósito da religião ou da espiritualidade.

Vimos neste livro que, em conformidade com a teoria da evolução, os primeiros humanos surgiram no norte da África; os primeiros registros numéricos escritos e os primeiros textos religiosos são também dessa região; e as próprias palavras correspondentes à ideia de divindade e retidão moral são de origem egípcia. Os elementos essenciais não mudaram, ainda que as palavras utilizadas para descrevê-los o tenham feito.

Desde o batismo e o monoteísmo até a ideia de cristandade do novo nascimento, é difícil vislumbrar alguma teoria ou algum princípio religioso que se possa descrever como algo inteiramente inédito ou moderno. No Egito Antigo, a dualidade (o bem e o mal, o masculino e o feminino, bem como a ideia de Unidade a ela associada) era "a Via"; assim, tanto os homens quanto as mulheres desempenhavam papéis importantes na burocracia sociopolítica. Esses princípios exerciam um impacto geral considerável e eram transmitidos às pessoas comuns de maneiras diferentes e durante períodos de tempo variáveis, principalmente no Período de Amarna.

Os fãs de Akhenaton que o aclamam como o precursor do monoteísmo — o que pode ou não ser verdade — ignoram o outro lado da moeda. "Nem mesmo Akhenaton compreendia o grande perigo do monoteísmo: semear a discórdia. Se há apenas um deus, então aqueles que não o aceitem estão errados. O monoteísmo ergue um muro entre 'nós' e 'eles', divide os povos e as nações entre fiéis e infiéis."[182] Esse perigo inerente deve ser evitado a todo custo, visto sermos todos membros da mesma árvore genealógica espiritual e compartilharmos de suas tradições.

Pensemos nas conotações que, como vimos, vinculam-se às interpretações modernas da linguagem, mesmo em um contexto limitado, como o das palavras isoladas. Consideremos a deusa estrangeira Byblos e a *Bíblia*; ou o uso da palavra Jerusalém, que significa "Santíssima Salém". Esses significados são opostos e, ainda assim, idênticos; cada visão radicalmente diferente é similar ao seu oposto ou coerente com ele e, quando se compreende as raízes de ambos, as palavras adquirem um novo significado.

Assim como a maça matrimonial de Narmer remete ao princípio do novo despertar, o mundo do Egito Antigo estava repleto de regeneração. Khepri, o escaravelho do *Livro dos Mortos* egípcio, era descrito metaforicamente como um bebê e um deus ao mesmo tempo. Mais uma vez, isso nos remete à teoria de Jesus e sua vida; da vida que surge da morte e que triunfa sobre ela. Para citar Nietzsche, "temos de nos recriar diariamente; e esta deve ser nossa melhor criação". Somente assim conseguiremos renovar nosso fervor espiritual para que, compreendendo a história, possamos transcender a discórdia e reconhecer a unidade de nossas raízes históricas em um nível étnico-religioso.

Bibliografia

Aldred, C. *Akhenaten: King of Egypt*. Nova York: Thames and Hudson, 1988, 1991, 1994.

Barnstone, E. (org.) *The Other Bible: Ancient Alternative Scriptures*. Nova York: HarperSanFrancisco, 1984.

Brier, B. *The Murder of Tutankhamen: A True Story*. Nova York: G.P. Putnam's Sons, 1998.

Budge, E. A. *The Egyptian Book of the Dead*. (Papiro de Ani). Transliteração e tradução do texto egípcio. Nova York: Dover Publications, 1967.

Budge, E. A. *The Gods of the Egyptians or Studies in Egyptian Mythology*. Volume I. Londres: Methuen & Co., 1904 (1ª edição); Chicago: The Open Court Publication Co.; Toronto, Ontário: General Publication Co., Ltd.; Londres: Constable and Co., Ltd.; Mineola, NY: Dover Publications, 1969.

Cook, E. M. *Solving the Mysteries of the Dead Sea Scrolls: New Light on the Bible*. Grand Rapids, MI: Zondervan Publishing House, a Division of Harper Collins Publishers, 1994.

[Documentário]. The Learning Channel, 6 de dezembro de 2000.

Faulkner, R. O. (tradutor) e Andrews, C. *The Ancient Egyptian Book of the Dead*. Nova York: The Limited Editions Club, 1972 (1ª edição); Austin, TX: University of Texas Press em colaboração com a British Museum Press, 1985 (edição revista), 1993.

Graves, R. *The White Goddess*, edição revista e ampliada. Nova York: International Authors N.V. (1ª edição), The Noonday Press, uma Divisão da Farrar, Straus and Giroux, 1948, 1966, 1995 (reimpressões).

Guiley, R. E. *The Encyclopedia of Witches and Witchcraft*. Nova York, Oxford: Facts on File, 1989.

Gurney, O. R. *The Hitites* (2ª edição). Baltimore, MD: Penguin Books Ltd., 1952, 1954, 1961, 1962, 1964, 1966.

Imel, M. A. e D.M. *Goddesses in World Mythology*. Santa Bárbara, CA: ABC CLIO, Inc., 1993.

James, G. G. M. *Stolen Legacy*. Nova York: Philosophical Library, 1954 (1ª edição); Nova York: The African Publication Society, 1980.

Jochannen, Y. B. Mahwah, NJ: Ramapo College de Nova Jersey, 1994. Preleção.

Metzger, M. e Murphy, R. *The New Oxford Annotated Apocrypha*. Nova York: Oxford University Press, 1965, 1977, 1991.

Morenz, S. e Keep, A. E. (org.) *Egyptian Religion*. [Edição original: *Aegyptische Religion*. Stuttgart, Alemanha: W. Kohlhammer GmbH, 1960; Alemanha: Methuen and Co. Ltd., 1973]; Ithaca, NY: Cornell University Press (versão inglesa), 1990, 1992, 1994.

Nyland, Edo. *Linguistic Archaeology*. Victoria, B.C., Canadá: Trafford Publishing, 2001.

Padovano, A. Mahwah, NJ: Ramapo College de Nova Jersey, 1995. Preleção.

Quirke, S. e Spencer, J. (orgs.) *The British Museum Book of Ancient Egypt*. Frome, Somerset, Inglaterra: The Trustees of the British Museum by Butler & Tanner Ltd., 1992 (1ª edição). Nova York: Thames and Hudson, 1992, 1993.

Radhakrishnan, S. (org.) *The Bhagavadgita*. Inglaterra: George Allen & Unwin Ltd., 1948 (1ª edição); Nova Delhi, Índia: Harper Collins Publishers, 1993, 1996.

Rey, H. A. *The Stars: A New Way to See Them*. Boston, MA: Houghton Mifflin Co., 1952 (1ª edição), 1980 (edição internacional).

Royal Sovereign Slim-Line Reference Bible. Versão do rei James. Coreia: World Bible Publishers.

Spar, I. Mahwah, NJ: Ramapo College de Nova Jersey, 1994. Preleção.

Tang, Ai-sheng. *Stories From Chinese Mythology (I)*. Mahwah, NJ: Ramapo College de Nova Jersey, 1995. Texto impresso de preleção.

Vermes, G. *The Complete Dead Sea Scrolls in English*. Nova York: Penguin Press, 1997.

Wees, J. Texto enviado por *e-mail* do Canadá para a autora, em 11 de dezembro de 2002. Resenha.

☥

Notas

1. Barnstone, p. 8.
2. Morenz, pp. 212-13, 156, 333-34.
3. Quase todas as datas foram extraídas dos três sites seguintes (bem como daqueles de Ottar Vendel, mencionados na p. 78): www.touregypt.net/kings.htm, www.kingtut.org/timeline.htm e www.digitalegypt.ucl.ac.uk/chronology/tausret.html.
4. Graves, p. 55.
5. Ibid., p. 61.
6. Morenz, p. 91.
7. J. Wees nos remete ao Concílio de Calcedônia, quando o Egito se separou do restante da comunidade cristã.
8. Morenz, p. 88.
9. Morenz, p. 88; Introdução de Radhakrishnan, p. 35.
10. Morenz, p. 120.
11. www.crystallinks.com/egyptmedicine.
12. Morenz, p. 7.
13. Lang, p. 11.
14. Graves, p. 381.
15. Quirke e Spencer, p. 71.

16. Morenz, p. 105, 307.
17. Aldred, p. 94.
18. Morenz, p. 33.
19. Ibid., p. 255; e Quirke e Spencer, pp. 62, 70.
20. Morenz, p. 195.
21. Ibid., p. 19.
22. Hino a Ptah, em Morenz, p. 92.
23. Morenz, p. 19.
24. Morenz, p. 279.
25. Padovano, 1995.
26. Entretanto, não sabemos ao certo qual som era associado ao abutre sob a forma de vogal.
27. Morenz, p. 17.
28. Testamento de Levi (dos *Manuscritos do Mar Morto*) 18:4, em Cook, p. 163.
29. Jó, 8:13-16.
30. Eclesiastes 11:7.
31. Malaquias 4:20.
32. Mateus 5:45.
33. Livro da Sabedoria 16:27-29.
34. João 1:1-5.
35. Cook, p. 86.
36. Graves, p. 149.
37. Graves, p. 135.
38. Graves, p. 140.
39. Graves, p. 130.
40. Livro *Bênçãos*, dos *Manuscritos do Mar Morto*, seção V, p. 316, conforme citado em Vermes, Mercuryo, 1997.
41. Morenz, p. 107.
42. Ibid., p. 143.

43. Adler, p. 2.
44. Graves, p. 144.
45. Comentários sobre Naum (*Manuscritos do Mar Morto*) 2:12a; 2:13; I 4:9, em Cook, p. 135.
46. "Aquele que transgride as leis é punido", em Morenz, p. 127.
47. Morenz, pp. 61, 67.
48. Morenz, p. 126.
49. Textos das Pirâmides, em Morenz, p. 39.
50. Morenz, p. 38.
51. Introdução para Merikare, em Merenz p. 128.
52. Mateus 6:19-20; Epístola aos Romanos 3:27.
53. Introdução ao Hino para Osíris, em Faulkner, p. 27.
54. Apocalipse 21:10-11; 15; 18-19.
55. Introdução ao Hino para Osíris, em Faulkner, p. 27.
56. Mateus 5:29-30.
57. Introdução ao Hino para o deus-Sol Rá, em Faulkner, p. 27.
58. Gêneses 3:1, 14; Apocalipse 12:9.
59. Conto de Setna, em Morenz, p. 210.
60. Mateus 19:24.
61. Uma consideração interessante a respeito dessa teoria: um colega me informou de que tal versículo pode não significar o que aparenta, mas concebido como uma norma subjetiva intencional para a burguesia manter as classes mais baixas submetidas.
62. Introdução ao Hino para o deus-Sol Rá, em Faulkner, p. 27.
63. João 14:1-2.
64. Introdução ao Hino para Osíris, em Faulkner, p. 27.

65. Salmo 23:1.4.
66. Introdução ao Hino para Osíris, em Faulkner, p. 27.
67. Jeremias 1:18-19.
68. Introdução ao Hino para Osíris, em Faulkner, p. 27.
69. Livro da Sabedoria 18:3, 7.
70. Encantamento 30B, em Faulkner, pp. 27-28.
71. Mateus 26:26-29.
72. Encantamento 125, em Faulkner, p. 31.
73. Epístola aos colossenses 4:6.
74. Encantamento 125, em Faulkner, p. 31.
75. Mateus 6:24; Isaías 11:9.
76. As comparações foram extraídas tanto de www.asa3.org/ASA/PSCF/1995/PSCF6-95Schafran.html.ori (onde Philip Schafran, do Northwest Baptist Theological College and Seminary, do Canadá, examina a famosa comparação; seu comentário mais interessante é o seguinte: "Ao analisar a relação mútua entre a estrutura literária e os temas do poema (...) [percebe-se] que a humanidade não é vista em posição de domínio sobre a criação ou como senhora das demais criaturas, mas *em situação de igualdade em relação ao mundo natural*". O grifo é meu.), quanto do comentário de Jim S., sobretudo das últimas passagens deste, em http://64.233.161.104/search?q=cache:NwVG76upLmIJ:www.thehallofmaat.com/maat/read.php%3Ff%3D1%26i%3D99267%26t%3D99267+22Psalm+104+was+written%22&hl=en&ie=UTF-8.
77. Morenz, p. 62.
78. Gêneses 28:12; Morenz, pp. 32-33.
79. Brier, p. 110.
80. Gurney, p. 4.
81. Quirke e Spencer, p. 223; James, p. 11; Spar, 1994.

82. Comentário de Budge ao *Livro dos Mortos*, pp. 59-61.
83. Ibid.
84. *O Livro dos Mortos*, Encantamento 17, em Faulkner, p. 44.
85. Aldred, p. 94.
86. Fanuel, em Lv 11; Horma, em Dt 15; Cimah, Ramot e Mazarot, em Jó; Cesil, em Jó 38:31; Ariel, em Is 29:1; Bohu e Tohu, na *Hagadá*; Adoil, em 2 Enoc, caps. 24B-68; Nisan, Heled, Laila e Esh, ver a *Hagadá*, caps. 1-2; Harpócrates, ver Graves. Os nomes foram comparados com os do livro de Imel. Também procurei preencher as lacunas do quadro com as infinitas fontes da Internet, portanto peço desculpas pelas pequenas correções eventualmente necessárias. Ademais, os deuses (ou deusas) citados podem não ser os únicos correspondentes. Assim, por exemplo, Baty foi apresentada como correspondente à maternidade, embora Hathor e muitas outras também representem a maternidade.
87. Comentário de Budge ao *Livro dos Mortos*, p. 59, 61.
88. Ibid., p. 59.
89. Kumar, A., Nair, A., Reddy, A. e Garg, A.N. "Bhasmas: Unique Ayurvedic metallic-herbal preparations – chemical characterization", em *Journal of Biological Trace Element Research*, no prelo. Os drs. Kumar e A.N. Garg (autor principal) trabalham no Departamento de Química do Instituto Indiano de Tecnologia em Roorke, Índia; sua pesquisa foi conduzida com a autorização e o patrocínio do governo indiano e do Conselho de Pesquisa em Ciências Nucleares.
90. *Nature* 408, p. 321; "Ancient Egyptian chronology and the astronomic orientation of pyramids", por Kate Spence.
91. *Nature* 408, pp. 297-298; novembro de 2000; "Plotting the pyramids", por Owen Gingerich.

92. *Nature* 408, p. 321; "Ancient Egyptian chronology and the astronomic orientation of pyramids", por Kate Spence.
93. *Nature* 408, pp. 297-298; novembro de 2000; "Plotting the pyramids", por Owen Gingerich.
94. Rey, p. 52.
95. Ibid., p. 32, 26.
96. Morenz, p. 4.
97. Versos extraídos de Budge, pp. 72-74.
98. Barnstone, p. 10.
99. Apocalipse 4; 5:8; 5:14; 11:16; e 19:4.
100. Brier, p. 24.
101. Apocalipse 21:25; passagem anterior extraída de Faulkner, p. 79.
102. Budge (1967), pp. x-iix, x-viii.
103. Morenz, p. 7.
104. Ibid., p. 33.
105. Provérbios 1:20.
106. Lucas 23:45.
107. Huxley, *The Doors of Perception*, p. 33.
108. *The Stories from Chinese Mythology (I)*, p. 17.
109. A lenda de Osíris é citada por Budge em seus comentários (1967), nos quais o autor se refere ao quarto papiro de Sallier.
110. Graves, p. 134.
111. *The Stories from Chinese Mythology (I)*, pp. 72-74.
112. Morenz, p. 33.
113. Matzger e Murphy, p. 183.
114. Ibid., pp. 184-85.
115. *Metamorfoses*, de Apuleio, em Graves, pp. 72-3.
116. Apocalipse 12:1-3, 7, 9.

117. J. Wees observa que, embora Maria e Ísis não desempenhem "papéis idênticos [como] mães dos deuses, (...) [outra] semelhança (...) seria (...) entre Moisés num cesto flutuando em meio aos juncos e a história de Sargão, o Grande, o rei da Mesopotâmia de quem se diz que foi fechado num cesto de junco e posto a flutuar rio abaixo."
118. Graves, p. 480.
119. www.bible.org/doc/ot/books/jon/jnh-intr.htm.
120. Morenz, p. 176.
121. James, pp. 168-69.
122. http://www.recoveredscience.com/const120Narmermacesigns.htm; James, pp. 168-69.
123. Brier, pp. 53-4; e documentário exibido pelo The Learning Channel na noite do dia 6 de dezembro de 2000.
124. J. Wees.
125. Brier, pp. 54-5.
126. Documentário exibido pelo The Learning Channel na noite do dia 15 de janeiro de 2002; depoimento de Nicholas Reeves.
127. Brier, p. 72.
128. Ibid., pp. 72-3.
129. Ibid., p. 74, 58.
130. Ibid., p. 76.
131. Os *Cânticos de Salomão*, escritos em siríaco, foram descritos como um "livro judaico de hinos, editado pelos cristãos e submetido a interpolações gnósticas" (em Barnstone, p. xxi) — os gnósticos "viam-se como os cristãos verdadeiros e puros"; Ibid., p. xix. A "teologia e o[s] léxico[s] [gnósticos] apresentam, com o judaísmo [e] o cristianismo (...) paralelos, e ilustram (...) a natureza sincrética das

tradições religiosas. (...) Assim, depois que Jesus Cristo é crucificado, os judeus o tomam por outro homem e continuam a procurar o messias; enquanto os cristãos proclamam o Jesus crucificado tanto homem quanto Deus; e os gnósticos adotam a visão docética segundo a qual Jesus era apenas um simulacro, pois Deus é sempre Deus;" mas o princípio que está por trás dessas posturas é o mesmo. Ibid., p. xx, xxii.

132. *O Livro dos Mortos*, Encantamento 7, em Faulkner, p. 78.
133. Aldred, p. 202.
134. Documentário exibido pelo The Learning Channel na noite do dia 15 de janeiro de 2002.
135. 1 Timóteo 2:5.
136. Palavras de Zahi Hawass, diretor do complexo de pirâmides de Gizé, no documentário exibido pelo The Learning Channel na noite do dia 15 de janeiro de 2002.
137. Aldred, p. 46.
138. Documentário exibido pelo The Learning Channel na noite do dia 15 de janeiro de 2002; as primeiras frases são de James Allen, curador do Metropolitan Museum of Art, de Nova York; e a última frase é de Zahi Hawass, diretor do complexo de pirâmides de Gizé.
139. Aldred, p. 230.
140. Gurney, pp. 31-2.
141. Documentário exibido pelo The Learning Channel na noite do dia 15 de janeiro de 2002.
142. Aldred, p. 170.
143. www.sfakia-crete.com/sfakia-crete/outsidecrete.html.
144. www.belovedegypt.com.
145. www.geocities.com/Athens/Oracle/4168/history/din_1.htm.

146. www.seattleartmuseum.org/exhibit/archive/egypt/emania/epedia/pharaohs/Nitokris.htm.
147. Malaquias 4:2.
148. Livro sobre a destruição de Apophis, Papiro BM 10188, 26, 2, em Morenz, p. 25.
149. Teorias egípcia e chinesa; Ibid., pp. 178-79.
150. Morenz, p. 178.
151. Gênesis 1:3-5.
152. Ibid.
153. Ibid. 1:6-8.
154. Morenz, p. 8.
155. Gênesis 1:9.
156. *Stories from Chinese Mithology (I)*, p. 25.
157. Gênesis 2:9.
158. *Stories from Chinese Mithology (I)*, p. 231.
159. Ibid., p. 19.
160. Gênesis 2:19.
161. Ibid. 2:16-7.
162. Ibid. 3:8.
163. Brier, pp. 19-20.
164. Levítico 11:13-19, conforme citado em Graves, pp. 53-54; Deuteronômio 14:12-18.
165. Bryan (1930), p. 80, citado em crystalinks.com.
166. Brier, p. 95.
167. Graves, p. 135.
168. Ibid., p. 142.
169. http://www.recoveredscience.com/const120Narmermace-signs.htm.
170. Aldred, p. 61.
171. Morenz, p. 2.

172. Aldred, p. 18.
173. Morenz, p. 103.
174. Barnstone, p. xix.
175. Brier, p. 107.
176. Graves, p. 91 e pp. 415-16.
177. Massey, Livro X, *Egyptian Wisdom in the Revelation of John the Divine*, texto online em www.theosophical.ca.
178. www.encyclopedia.laborlawtalk.com/Book_of_Ezekiel.
179. Massey, Livro X, *Egyptian Wisdom in the Revelation of John the Divine*, texto online em www.theosophical.ca.
180. O trecho foi extraído das atas dos congressos internacionais realizados no mosteiro Certosa di Firenze, sobre os Livros de Salmos e as Bíblias da Irlanda, de 30 de maio a 1 de junho de 2001; http://www.umilta.net/beta3.html.
181. http://www.cgg.org/index.cfm/page/literature.sermons.T103.HTM.
182. Brier, p. 99.